Le guide du blogueur

Groupe Eyrolles
61, bd Saint-Germain
75240 Paris Cedex 05

www.editions-eyrolles.com

ISBN : 978-2-212-56751-9

Ling-en Hsia

Le guide du blogueur

Créer un business avec son blog

Illustrations de Marina Mercklé

EYROLLES

Frédéric Canevet, blogueur sur www.conseilsmarketing.com

« *Le guide du blogueur* vous donnera les bonnes étapes et les bons réflexes pour monter un business sur le Web. Le blog est votre camp de base pour trouver des clients, vendre et fidéliser. S'il y a un conseil à retenir de ce livre, c'est que vous devez d'abord penser à votre client type (le persona) : que veut-il acheter ? Le plus du livre : le focus sur l'humain et le relationnel qui sont les piliers de la réussite. C'est d'ailleurs ce que Ling-en a parfaitement mis en œuvre et qui fait de lui une des figures du blogging francophone. »

Rémy Bigot, animateur du www.msbshow.com et entrepreneur

« Ling-en est un personnage haut en couleur et qui a testé de nombreuses choses dans le domaine du blogging. Il partage avec nous ses expériences et connaissances dans ce domaine qu'il maîtrise bien. Ce livre est un outil parfait pour les débutants et même ceux étant déjà blogueurs ! »

Nadia Gabriel, fondatrice de Mon Vanity Idéal

« Une mine de conseils pratiques à retrouver dans ce *Guide du blogueur*. L'enthousiasme et la passion de Ling-en sont communicatifs ! Un ouvrage pour informer et lever les freins et se lancer dans l'aventure. »

Olivier Jadzinski, consultant en stratégie numérique et blogueur sur www.euklide.com

« Pour moi, un livre se doit d'être utile. En le lisant, vous devez apprendre… et *Le guide du blogueur* est une lecture obligatoire si vous désirez comprendre toutes les subtilités d'un blog. Le livre est à l'image de son auteur : humain ! Ne pas le lire serait une perte de temps ! »

Xavier de Labarrière, cofondateur ECL Direct

Ling-en nous a aidés à mettre un coup de frais dans notre communication sur les réseaux sociaux. Il les connaît parfaitement. Très à l'écoute, il sait y engager le dialogue avec sourire et humanité… comme dans la vraie vie !

Nicolas Pène, expert en PNL et stratégies marketing

« Il n'est pas commun de trouver des personnes à ce point dévouées à aider et à enrichir l'autre comme Ling-en peut l'être. Outre cette richesse humaine, Ling-en est bien évidemment le spécialiste à suivre pour appréhender intelligemment et avec succès cet univers passionnant qu'est le blogging. Je recommande fortement ! »

SOMMAIRE

PARTIE 1
PRENDRE DE L'ÉLAN

PARTIE 2
LANCER SON BUSINESS

À mon neveu Daiyon.
Tu es le petit frère parfait que je n'ai jamais eu.
Par ton courage et ta gentillesse, tu es un exemple pour moi.

INTRODUCTION

Un an après avoir découvert qu'il avait un cancer, Steve Jobs, parti de rien et cofondateur de l'une des plus grandes entreprises du monde, a prononcé un discours auprès des étudiants de Stanford en 2005, dont voici un extrait :

> *« Votre temps est limité, ne le gâchez pas en menant une existence qui n'est pas la vôtre. Ne soyez pas prisonnier des dogmes qui obligent à vivre en obéissant à la pensée d'autrui. Ne laissez pas le brouhaha extérieur étouffer votre voix intérieure. Ayez le courage de suivre votre cœur et votre intuition. L'un et l'autre savent ce que vous voulez réellement devenir. Le reste est secondaire. »*
>
> Steve Jobs

À quelle époque incroyable vivons-nous actuellement ! Chacun peut théoriquement créer un blog autour d'un thème qui le passionne, développer une audience, vendre un produit qui résoudra un problème urgent dans sa vie et ainsi... vivre de sa passion.

Et en pratique... des milliers de personnes ont effectivement réussi à accomplir ce rêve ! Dans le monde anglophone, vous trouverez facilement des blogueurs fitness, mode, business, développement personnel qui gagnent leur vie tout en aidant des millions de personnes. Cette vague de blogueurs/entrepreneurs a déjà commencé à arriver en France. Parmi les plus populaires, vous trouverez des business qui ont démarré comme un simple blog : My Little Paris, Melty.fr. Aujourd'hui, ce sont de véritables entreprises qui génèrent des millions d'euros de revenus chaque année. Des blogueurs moins populaires, qui ont décidé (pour le moment ?) de rester seuls, vivent aussi plus discrètement de leur activité. Ce livre sera parsemé de témoignages de blogueurs qui vivent de leur passion, comme Johan qui enseigne le français aux non-francophones, Laurent qui tient un blog sur la photographie ou encore Gaëtan qui blogue sur les jus de légumes… Oui, oui !

Cette réalité, vous aussi vous pouvez l'atteindre. Ou pas… Trop de facteurs entrent en jeu pour savoir d'avance si cela fonctionnera pour vous ou non. Mais ce qui est certain, c'est qu'en démarrant un blog, vous augmentez sévèrement vos chances de réussite. En démarrant avec seulement 50 euros par mois, vous aussi vous pouvez avoir votre propre blog et faire ces premiers pas en direction de la création d'un business.

Et en vous procurant ce livre, vous avez pris la décision d'être accompagné et de recevoir toute l'aide dont vous avez besoin pour lancer votre projet.

Ce livre, j'aurais tellement aimé l'avoir entre mes mains à mes débuts. J'aurais avancé tellement plus vite en commettant moins d'erreurs. À défaut de pouvoir revenir en arrière, c'est une joie extrême de savoir que vous, vous commencerez en posant de bonnes fondations.

■ BUSINESS DE LA GÉNÉROSITÉ

« Le principe le plus profondément ancré dans la nature humaine est l'aspiration à être apprécié. »

William James

Au-delà de vous montrer la méthode qui consiste à créer un blog pour en faire naître un business, ce format a dans son essence une nature très spécifique : la générosité. Aujourd'hui, une partie de mon activité consiste à aider des individus, des associations ou des entreprises. Mon temps et mon énergie étant limités, je ne peux offrir mes conseils et mon aide qu'à quelques personnes par semaine. Mais grâce à mes blogs, je peux aider des milliers de personnes chaque jour ! Que ces internautes deviennent clients ou non, leur vie peut être profondément impactée par mes modestes écrits et paroles. Et cela me réjouit au plus profond de moi. Je suis enchanté d'être dans un business de gagnant-gagnant.

Si vous souhaitez savoir combien et comment je gagne de l'argent, rendez-vous sur www.solopreneur.fr/ca. J'y publie chaque mois un bilan de mon activité.

COMMENT UTILISER CE LIVRE ?

Cet ouvrage est divisé en deux parties. La première consiste à prendre de l'élan en :

- définissant votre projet (chapitre 1 : Le blogueur) ;
- construisant votre propre blog (chapitre 2 : Le technicien) ;
- créant du contenu (chapitre 3 : Le créateur) ;
- développant sa visibilité (chapitre 4 : Le communiquant) ;

Une fois que l'élan est pris, l'objectif est maintenant de courir (utiliser son blog) pour sauter (lancer un projet entrepreneurial). Faites-le à votre rythme et en continuant à prendre du plaisir. Et je vous montre comment le faire dans cette deuxième partie en :

- saisissant tout ce qu'implique d'être un apprenti entrepreneur (chapitre 5 : L'entrepreneur) ;
- comprenant les mécanismes pour développer un produit et le vendre (chapitre 6 : Le marketeur) ;

- vous accompagnant dans votre épanouissement professionnel et personnel (chapitre 7 : L'humain).

Un entrepreneur a différentes casquettes, et j'ai voulu les séparer pour que vous puissiez bien les dissocier et les comprendre. Si vous avez déjà un blog ou que vous êtes plutôt du genre organisé et planificateur, il se peut que vous appréciiez davantage de commencer par la seconde partie.

UN LIVRE ENRICHI

Six témoignages de blogueurs professionnels et quatorze experts ont contribué à cet ouvrage afin de vous apporter une vision large du blogging et de l'entrepreneuriat en solo tout en vous aidant à vous équiper au mieux pour réussir.

Et si j'y ajoute tous les grands penseurs et toutes les personnes à succès à qui j'ai emprunté des citations, je ne crois pas exagéré de dire que vous êtes plutôt bien accompagné. Un grand merci à eux pour leur générosité et leur authenticité !

UN LIVRE CONNECTÉ

Si vous avez besoin de retenir une seule et unique adresse Web, c'est celle-ci : www.legdb.fr (pour « Le guide du blogueur »).

Vous y trouverez une formation en vidéo qui complétera ce livre ainsi qu'un lien vers le groupe Facebook privé des lecteurs du livre.

Par ailleurs, vous trouverez aussi à travers le livre des liens URL sous la forme suivante : [www.legdb.fr/2-me]. Il s'agit de vous éviter de taper l'adresse complète comme ici : https://www.service-public.fr/professionnels-entreprises/vosdroits/F31228.

UN LIVRE PERSONNEL

Pour vous encourager tout le long de votre aventure, vous trouverez à différents endroits du livre le pictogramme suivant :

Ceci est une invitation à prendre une photo, et à la partager sur Instagram ou Twitter en ajoutant toujours le hashtag « #LeGDB ». Quand vous publierez une photo sur Instagram ou un tweet en lien avec votre blog, ajoutez simplement « #LeGDB » dans le texte. Je pourrai alors retrouver votre publication et ainsi vous encourager. C'est aussi un moyen pour vous de trouver de l'inspiration auprès des autres lecteurs du livre qui auront partagé une publication avec ce hashtag. Vive le Web n'est-ce pas ? !

Prêt ? C'est parti !

« La différence entre rêves et réalité s'appelle l'action. »

Anonyme

1

PRENDRE DE L'ÉLAN

Imaginez devoir créer une entreprise traditionnelle. Il vous faudra faire un emprunt bancaire, dédier 70 heures de temps de travail par semaine et au final, vous n'avez aucune garantie du succès de ce projet. Ainsi, 99 % d'entre vous fuiront ce scénario. Pourtant, 37 % des Français manifestent l'envie de créer une entreprise et d'être indépendants[1]. Alors comment concilier d'une part l'envie d'entreprendre et ses nombreux bénéfices (indépendance, liberté de temps et géographique, possibilité de revenus plus élevés, choix du projet...), et d'autre part les risques qu'impliquent l'entrepreneuriat ? La méthode que je vous propose ici ne vous coûtera que quelques dizaines d'euros pour démarrer. Et tout ce que vous y apprendrez vous sera bénéfique professionnellement et... personnellement. L'objectif est que, à la fin de cette partie, vous ayez les moyens qui vous permettront de lancer un business, si tel est votre souhait. Et bonne nouvelle, je ferai tout pour vous aider à prendre du plaisir durant ce voyage. Avec un peu de détermination, en quelques jours à peine, vous aurez un blog suffisamment prêt pour vous aider à faire le saut vers votre propre business (Partie 2) !

« Tous les êtres humains naissent entrepreneurs. Certains ont la chance de pouvoir exprimer cette capacité. D'autres n'ont pas cette chance, et ne savent même pas qu'ils avaient cette capacité. »

Muhammad Yunus

1. « La reconversion professionnelle, l'entrepreneuriat et le travail indépendant », sondage OpinionWay, janvier 2016 [www.legdb.fr/op].

CHAPITRE 1
LE BLOGUEUR

« Tout le monde peut être important car tout le monde peut servir à quelque chose. »

Martin Luther King

Avant de commencer, vous avez une certaine idée de ce qu'est un blog et de ce que cela va vous apporter en tant que blogueur. Dites-vous que ce sera encore mieux. De nombreux amis autour de moi sont devenus pères ces dernières années. Alors qu'ils n'aimaient pas forcément les bébés, aujourd'hui, avec leurs propres enfants, ils sont pleins d'amour. Parce que c'est leur création. Considérez maintenant votre blog comme votre bébé.

J'espère qu'à travers ce chapitre, vous serez encouragé à passer à l'action et à goûter aussi au plaisir que cela représente de virtuellement mettre au monde votre propre créature.

DE BLAGUEUR À BLOGUEUR

Adolescent, avant l'arrivée des médias sociaux, je tenais déjà un blog. J'y racontais mes vacances et j'y publiais quelques photos. J'ai toujours aimé partager avec les autres les choses qui m'enthousiasmaient dans la vie, comme sur le Web. Cela fait partie de ma personnalité, je ne peux pas m'en empêcher. Et je veux rassurer mon lectorat tout de suite : partager un conseil, raconter une anecdote ou divertir son audience n'est pas (forcément) du narcissisme. Il y a quelque chose de bien plus satisfaisant : cette satisfaction que le petit être que nous sommes puisse apporter de la valeur à des milliers de personnes.

Au lycée, en classe, je n'étais pas un bon élève. J'ai même redoublé la seconde. Mais dans la cour de récréation, j'étais toujours là à essayer de faire rire mes amis, à raconter des anecdotes intéressantes et à parler de l'actualité (footballistique principalement). Alors que je suis en train d'écrire ce livre, je comprends bien mieux pourquoi je suis aussi épanoui dans mon activité. J'ai réussi à faire de mes compétences et ma personnalité les ingrédients de mon business. Mon business, c'est un peu le meilleur de moi-même qui a pu s'exprimer grâce à la richesse et la liberté qu'offrait le blogging…

■ ÉTUDIANT ET BLOGUEUR

À l'université, je me suis engagé dans des études d'économie avec l'opportunité formidable de passer un an à l'université d'Alicante, en Espagne. J'ai alors choisi un cours d'économie de la mondialisation, avec Andrés Pedreño, directeur de l'Institut d'économie international de l'université. Le premier jour, nous avons découvert que tous les cours auraient lieu dans une salle informatique. Pourquoi ? Parce que tout le programme consistait à créer un blog et à l'alimenter. Oui, oui… nous allions être notés sur la qualité de notre blog ! Chaque semaine, nous devions écrire un article (en espagnol s'il vous plaît !) et commenter les articles des autres. Incroyable ! J'ai eu 15/20.

STAGIAIRE ET BLOGUEUR

En mars 2010, j'ai décidé de faire mon stage de fin d'études à Shanghai, en partie parce que mes parents séjournaient là-bas. J'ai travaillé au département marketing pour une entreprise en e-commerce. J'y ai découvert le monde du marketing digital et du blogging… professionnel. Apparemment, des blogueurs anglophones arrivaient à gagner leur vie à travers le blogging. J'ai fait à cette occasion connaissance avec le *lifestyle business*.

VIVRE DE SA PASSION ?

« L'homme le plus simple qui a de la passion persuade mieux que le plus éloquent qui n'en a point. »

La Rochefoucauld

Gagner de l'argent avec un blog et vivre librement ! Pas besoin d'être un grand spécialiste ou de monter une entreprise coûteuse, il suffit de créer un blog et de vendre des biens numériques à ses lecteurs sur une thématique précise. Pour un amateur de photographie, il suffit de développer une audience de 10 000 lecteurs par mois et vendre un ebook à 49 euros à 1 % de ses lecteurs pour générer 4 900 euros par mois. Simple et concret. Et si en plus on décide de s'installer dans un pays en développement, on y vit comme un roi.

SI SEULEMENT C'ÉTAIT SI FACILE…

En réalité, c'est véritablement *simple*. Mais simple ne signifie pas *facile*. Et c'est pour cette raison que ce livre est là ! Il vous permettra de visualiser clairement le parcours que vous allez prendre. Mais l'argent facile n'existe pas, cela exige du travail et de la persévérance. Et les défis qui vous attendent seront véritablement plaisants à partir du moment où c'est votre passion que vous mettrez en avant.

Témoignage

Julien Bédouet, blogueur sur Parkinggarage.fr, spécialiste de l'investissement dans les parkings.

« Le blogging m'a permis de rencontrer des centaines d'investisseurs. C'est un moyen de rester proche d'eux et de partager ma passion. Le blog m'a aussi donné une vitrine pour passer à la télévision et à la radio. Je me souviendrai toujours de la semaine du 26 novembre 2012. C'est la première fois où mon blog m'a rapporté 500 euros en une semaine. Le livre *Réussir son investissement dans les parkings* était fini et disponible pour mes lecteurs. C'est un moment extraordinaire de réaliser ainsi que vivre de sa passion *via* un blog est possible, alors pourquoi pas vous ? »

LE BLOGGING A DE L'AVENIR

Un blog, ce n'est rien d'autre qu'un site Internet avec certaines particularités :

- du contenu, qu'il soit sous forme écrite, vidéo ou audio, publié régulièrement ;
- une présentation antéchronologique : les articles les plus récents sont en haut du site ;
- un ton personnel : l'information partagée est aussi importante que la réflexion et l'avis du blogueur.

Selon Statista, en 2011, on recensait 173 millions de blogs dans le monde. Entre-temps, les réseaux sociaux ont pris une place prépondérante dans le paysage actuel et ont relégué le blogging « amateur » au second plan. En effet, de nombreux blogueurs ont quitté leur site pour des plates-formes comme Facebook. Cela représente donc une opportunité aujourd'hui pour les blogueurs « sérieux » qui se professionnalisent et qui sont reconnus comme des leaders d'opinion. Personnellement, j'éprouve énormément d'honneur à être convié à de grands événements aux côtés de la presse, par exemple. Sur www.amazon.fr, il existe même sous la catégorie « Livres » une sous-catégorie « Blogueurs et YouTubeurs » [www.legdb.fr/1-am]. Être blogueur aujourd'hui est un privilège que nous allons cultiver ensemble à travers ce *Guide*.

Du blog au webzine

Parfois, vous verrez qu'un blog avec un seul auteur qui prend de l'ampleur devient alors un webzine (magazine en ligne) comme le Huffington Post ou Presse Citron, avec de nombreux collaborateurs. Nous sommes alors à mi-chemin entre un blog et un site d'information. Nous nous attacherons peu à ce type de blog ici, mais nous nous concentrerons sur l'utilisation d'un blog par un entrepreneur individuel pour développer un business.

LES BÉNÉFICES PROFESSIONNELS D'UN BLOG

Plus concrètement, voici un premier aperçu de l'utilité d'un blog pour lancer un business.

1. TESTER SON IDÉE

Investir de l'argent et se former pour lancer un business peut être effrayant et risqué. « Et si ça ne marchait pas ? » Avec un blog, vous pouvez tester l'idée que vous avez en tête et passer à l'action sans prendre de risque. Si cela rencontre du succès, super et on continue ! Sinon, on peut se réorienter ou partir sur une nouvelle base sans problème.

2. DÉVELOPPER SES COMPÉTENCES

Créer un blog, c'est une formation de chaque jour. Vous apprenez autant sur le *fond* de votre sujet (voyages en Afrique, technologie mobile, actualités du hand-ball, gastronomie coréenne, plongée sous-marine…) que sur la forme (utilisation des médias sociaux, rédaction Web, WordPress… mais aussi autonomie, networking, marketing…). Cette polyvalence est indispensable pour réussir dans le monde des affaires. Le blogging vous permet de l'atteindre.

3. CRÉER UNE COMMUNAUTÉ

Créer une communauté autour d'un produit ou d'une marque est important pour réussir sur le Web, à moins que vous vendiez un tout nouveau smartphone avec un écran en 3D (et encore !). Le blogging, par son format convivial, est parfait pour créer des liens avec ses lecteurs et potentiels futurs clients. C'est aussi l'occasion de rejoindre la « blogosphère », la sphère des blogueurs avec qui vous allez créer des partenariats qui seront indispensables pour votre entreprise.

■ LE BLOGGING, INDISPENSABLE POUR L'ENTREPRENEUR WEB ?

Selon une étude réalisée auprès de 5 000 marketeurs[1], deux tiers des marketeurs interrogés indiquent qu'ils augmenteront leurs efforts en

1. 2016 Social Media Marketing Marketing Industry Report [www.legdb.fr/1-sm].

termes de blogging et 38 % d'entre eux considèrent les articles écrits de blog comme étant le format le plus important. Pour l'entrepreneur solo, l'importance du blogging est d'autant plus grande. En effet, un particulier, vous, n'a pas le budget publicitaire d'un grand groupe, par exemple. Le blogging est un excellent moyen de palier ce problème.

Plus précisément, voici ce que le blogging peut vous apporter que d'autres plates-formes ne peuvent pas. Le blogging vous permet :

- de maîtriser votre communication : quand on veut en savoir plus sur vous en faisant une recherche Google, on ne tombe pas sur votre profil LinkedIn ou Facebook. On trouve votre blog où vous aurez décidé vous-même du contenu à afficher ;
- d'affirmer votre expertise : à travers la publication régulière de contenu sur une thématique, vous indiquez clairement à vos interlocuteurs qu'il faut vous prendre au sérieux ;
- d'améliorer votre *personal branding*[1] pour accroître la confiance des futurs clients ;
- de récupérer les e-mails de vos prospects : pour garder contact avec ses futurs clients, il faut « capturer » leur e-mail. Le blog vous le permet.

Ces points seront développés tout le long de ce livre. Mais pour le moment, pas de pression… C'était simplement un aperçu.

1. Le *personal branding* est traité dans le chapitre 4.

Témoignage

Alexandre Bortolotti, spécialiste WordPress, blogueur sur WPMarmite.com | Twitter : @alex_borto

« Au départ, j'ai lancé mon blog pour faire connaître les services que je proposais en tant que freelance en création de site mais j'étais loin d'imaginer tout ce que cela a permis. Même si l'écriture n'était pas mon fort à l'époque (je détestais les dissertations au lycée), je me suis pris au jeu et j'ai développé une obsession : rédiger les meilleurs articles possible pour tous les sujets liés à WordPress. Alors certes, il reste encore beaucoup à faire, mais produire des contenus de qualité a un avantage : on se fait remarquer. Grâce à tout ce travail, WPMarmite aide aujourd'hui plus de 3 000 visiteurs par jour. Alors si vous voulez percer sur la Toile, ayez à cœur d'aider sincèrement vos lecteurs. »

AU SERVICE DE VOTRE ÉPANOUISSEMENT PERSONNEL

Le blogging est un formidable lieu de développement et d'expression de votre créativité. Ce sentiment de créer un site Web et d'organiser une communauté est tellement satisfaisant. Je me souviens encore de ces premières nuits où j'avais l'impression de coucher mon bébé avant de dormir et de me réveiller chaque nouveau matin avec le bébé qui avait grandi encore un peu plus… (On m'a toujours dit que je ferais un bon père… pas étonnant quand on voit que j'ai un instinct paternel même avec un blog.)

Ne négligez pas le plaisir et la satisfaction que le blog vous procurera. C'est d'ailleurs un élément primordial dans la réussite de votre projet. À partir de maintenant, comprenez que vos vies professionnelle et personnelle sont complètement liées.

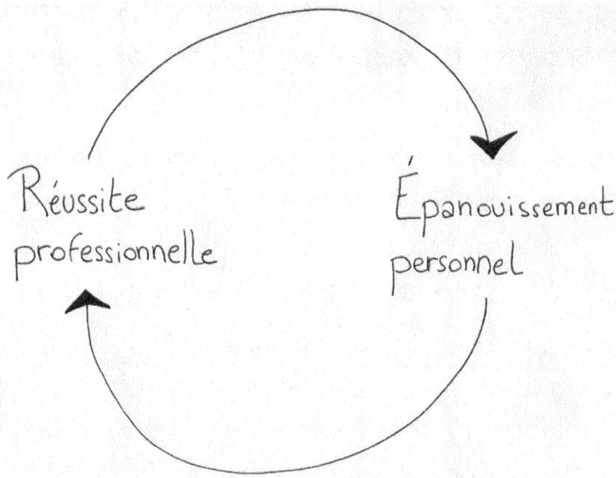

Enfin, peut-être le plus important. Ce sentiment de se savoir utile à travers le contenu que l'on publie. L'homme a en lui un besoin profond de se sentir utile. Qui se satisferait d'une vie solitaire sans la joie d'aider et de divertir son entourage ?

La plus grande récompense d'un blogueur ? Lorsqu'un lecteur inconnu nous témoigne sa reconnaissance d'avoir pu progresser grâce à notre contenu. Quand cela vous arrivera, je vous suggère de faire comme moi : imprimez son texte et accrochez-le dans votre chambre.

■ DES BLOGUEURS INSPIRANTS

Pour illustrer l'impact que peut avoir le blogging, j'ai pris des exemples nous venant des États-Unis, un pays qui a mon admiration pour sa ferveur entrepreneuriale. Par la mise en lumière de ces blogueurs, je veux aussi remercier la blogosphère anglophone pour tout ce que j'y ai appris :

- Chris Guillebeau (www.chrisguillebeau.com) inspire les gens à vivre sans se conformer aux diktats de la société. Pour illustration, ce blogueur organise chaque année la conférence World

Domination Summit qui rassemble 2 000 personnes venant du monde entier. La totalité des places est vendue en quelques heures seulement.

- Marie Forleo (www.marieforleo.com) avait de nombreuses passions dans la vie. Quand elle a lancé son blog et sa chaîne YouTube, elle est rapidement devenue une référence pour aider les femmes (et les hommes par la même occasion) à atteindre leur plein potentiel.
- Leslie Samuel (www.interactive-biology.com) était professeur et a publié des vidéos sur son blog pour aider les étudiants en biologie à mieux comprendre leurs cours et à obtenir de meilleurs résultats. Grâce à son blog, il a obtenu un poste de maître de conférence à l'université qu'il n'aurait pas eu autrement. Aujourd'hui, il est formateur et entrepreneur Web.

Ces blogueurs changent le monde, chacun à leur manière. Mais ils ont commencé petit à petit. Leur potentiel et leurs compétences se sont alors exprimés grâce à leur blog et ils sont aujourd'hui des entrepreneurs à succès. Vous aussi, commencez petit et par avoir de l'influence sur une personne, puis deux… puis dix…

Jamais dans l'histoire de l'humanité il n'a été si facile de toucher autant de personnes avec si peu de moyens. Prêt pour l'aventure ? !

■ PASSION

Qu'est-ce qui vous passionne ? Qu'est-ce que vous pourriez faire toute votre vie sans vous lasser ?

N'ayez pas peur de considérer vos loisirs et de ne pas mettre sur un piédestal les activités intellectuelles uniquement. Aujourd'hui, le sport électronique (esport) devient un véritable business. Jouer à des jeux vidéo peut vous rendre riche.

Moi par exemple, j'aime le voyage, la technologie, le blogging, le marketing, le développement personnel.

Pourquoi est-ce si important de bloguer sur un thème qui nous passionne ? Car c'est fun tout d'abord, et parce que c'est l'unique moyen qui vous permettra de tenir ce marathon qu'est l'entrepreneuriat. Vous n'aurez pas de chef, vous n'aurez aucune obligation de travail chaque jour, alors il faudra vous motiver de l'intérieur. Partager sur sa passion est le meilleur moyen de s'encourager !

Sans vous mettre la pression en essayant de trouver *la* passion de votre vie, commencez par noter ci-dessous dix centres d'intérêt :

....

....

....

....

....

....

....

....

....

....

THÉMATIQUE

De l'étape précédente, va découler la thématique de votre blog.

Un blog a forcément une thématique. Il y a deux façons d'aborder la réflexion : le point de vue de l'intérêt et celui du profil.

1. LE POINT DE VUE DE L'INTÉRÊT

Ici, on cherche à plaire à une audience selon un sujet précis. J'ai pour ma part animé un blog sur les produits Apple pendant deux ans : AppleGeek. Je m'adressais alors à tous ceux qui s'intéressaient à l'iPhone, l'iPad, le Macbook, quels que soient leur âge, leur sexe, leur catégorie socioprofessionnelle.

Mais pour me démarquer des concurrents, il fallait que je trouve ma proposition de valeur unique pour me différencier (sur le fond et/ou la forme) des autres blogs. J'ai alors décidé de me spécialiser dans le partage d'applications mobiles aidant les utilisateurs d'iPhone à mieux vivre, plutôt que de parler de jeux, de l'actualité…

2. LE POINT DE VUE DU PROFIL

Quand j'ai lancé mon blog Espritvif.com, l'objectif était d'offrir des ressources sur le développement personnel. Et plutôt que de me spécialiser par intérêt (amour, travail, finances…), j'ai décidé de m'adresser à un public précis : les hommes. C'était un ciblage très original que je voulais adopter, car je pensais que les hommes avaient particulièrement besoin de progresser et que je me sentais bien plus expert avec cette partie de la population. J'ai écrit alors non seulement sur un thème (qui était très vaste), mais je cherchais à plaire aux hommes de 20 à 40 ans. Et comme ces personnes avaient forcément plusieurs centres d'intérêt, je traitais de santé, finances, relations… toujours en gardant en tête que je m'adressais à un jeune homme de 30 ans.

Cela ne vous rendrait pas service si je vous disais qu'il faut dès maintenant rester figé sur une seule thématique. Nous prendrons le temps de confirmer ce thème ou pas, de l'élargir ou de le rétrécir à l'avenir.

En attendant, indiquez tout simplement quelques idées.

....

....

....

....

....

....

....

....

....

Au chapitre 6, nous aborderons la question du choix de la thématique d'un point de vue plus professionnel.

Témoignage

Gaëtan Adetovi, blogueur sur www.Vitaality.fr | Twitter : @Jusdelegumes

« En août 2014, j'ai créé le blog Vitaality.fr (130 000 visiteurs par mois). Je suis d'abord parti d'un besoin lié à une passion : des jus de légumes pour m'aider à résoudre mes problèmes de surcharge pondérale. Alors que je faisais des recherches sur Internet, je trouvais très peu de contenus. Ceci m'a conduit à créer mon propre blog à ce sujet. Au départ, je n'avais aucune intention commerciale, mais une réelle envie de découvrir cet univers et de partager avec mes lecteurs ce que j'allais découvrir au fil du temps sur les jus de légumes et de fruits en partageant avec eux mes progrès, mes découvertes, mais aussi mes erreurs et mes échecs. Aujourd'hui, je me rends compte que le succès de mon blog revient à cette condition *sine qua none* pour réussir : avoir la passion chevillée au corps. Pour une raison très simple : on rencontre tellement d'obstacles au démarrage de l'aventure du blogging que sans cette passion, ces obstacles deviendront insurmontables. »

■ NOM DU BLOG

Avant d'attaquer cette partie, soyez un minimum sûr que le sujet que vous avez choisi est définitif. Sinon, continuez la lecture de ce livre et vous reviendrez ici un peu plus tard. Je recommande souvent de ne pas se mettre une pression trop grande à ce stade en choisissant une thématique, mais ne vous précipitez pas non plus.

Là on s'attaque à un sujet complexe. Mais on va y arriver !

Le choix du nom du blog et du nom de domaine vont de pair.

Plusieurs modèles s'offrent à nous. Tout le long de l'exercice, cherchez parmi les YouTubeurs et blogueurs que vous suivez pour vous inspirer.

1. BLOGUER EN SON NOM PROPRE

Le côté personnel du blog est mis en avant. Sur mon blog personnel www.hsia.fr, c'est tout simplement mon nom de famille qui est utilisé.

Exemples :

- www.virginiebichet.org
- www.lespetitspapiersdhina.com
- www.michaelhyatt.com (un de mes blogs préférés)

À vous d'écrire trois idées ci-dessous :

....

....

....

2. LIÉ À LA THÉMATIQUE

ParisEnFamille.com est le blog que j'ai créé pour partager des bons plans de sortie pour les enfants à Paris.

Exemples :

- www.begeek.fr
- www.delivrer-des-livres.fr
- www.debats-sports.com

Vos idées :

....

....

....

3. INVENTER UNE MARQUE

Google, Apple, Yahoo... des noms qui n'indiquent en rien les produits que ces entreprises proposent. N'hésitez pas à être original.

Exemples :

- www.cestquoicebruit.com (blog lifestyle)
- www.oiseaurose.com (blog voyage)
- www.1098.fr (blog sur le vin)

Vos idées :

....

....

....

4. À VOUS D'IMAGINER

Évidemment, à partir de là vous pouvez faire votre propre mélange. Ne vous limitez surtout pas à ces suggestions qui ne sont là que pour vous inspirer.

À vous maintenant !

Vos idées :

....

....

....

Maintenant, vérifiez la disponibilité du nom de domaine sur www.1and1.fr ou OVH.com.

Un point de vigilance avant de réserver son nom de domaine : est-il déjà utilisé par une marque ?

DESIGN DU BLOG

La plupart des blogs incluent les éléments suivants :

- logo ou titre du blog ;
- barre de menu ;
- zone d'articles (aperçu) ;
- barre latérale.

Voici un exemple à partir de la structure du blog www.solopreneur.fr

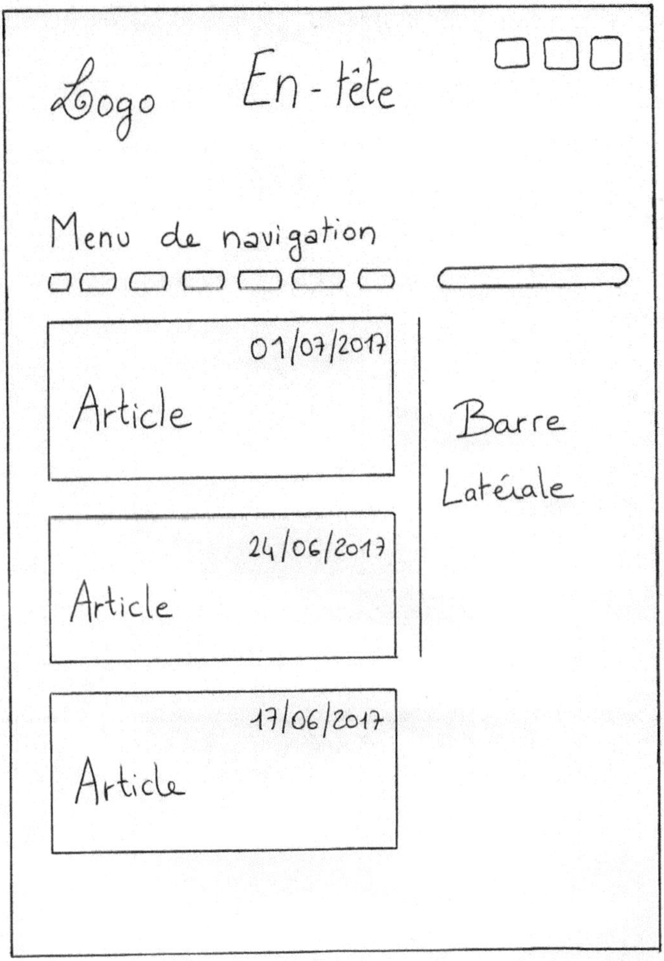

À vous de jouer maintenant. Utilisez ces trois espaces pour imaginer et tester les différents formats qui vous passent par la tête. Et n'hésitez pas à vous inspirer des autres.

Publiez une photo de vos idées sur Twitter ou Instagram avec le hashtag #LeGDB.

Dans la prochaine partie, nous verrons comment trouver ce modèle de design déjà réalisé. L'idée est de télécharger un modèle prédéfini (thème WordPress) et de pouvoir le modifier. Nous n'allons pas faire appel à un webdesigner ou apprendre par nous-même.

VOS COMPÉTENCES À DÉVELOPPER

« Nous dédions plus de temps à réparer nos lacunes qu'à développer nos forces. »

Tom Rath

UTILISER SES COMPÉTENCES

Tout le monde ne part pas du même niveau face au blogging. Certains seront plus à l'aise avec le Web, d'autres avec la rédaction et d'autres encore avec le marketing. Si vous partez du modèle de l'école, où l'on vous force à avoir la moyenne partout, vous serez frustré. Il s'agira ici de créer votre « propre blogosphère ». Elle doit être unique, utiliser vos compétences uniques et s'appuyer sur vos forces.

Il y a toujours un moyen de mettre en valeur vos atouts sans que vos faiblesses vous freinent.

- Vous n'écrivez pas bien (du moins, c'est ce que vous croyez) ? Faites des vidéos.
- Vous êtes vraiment allergique avec la technique (nous verrons dans la prochaine partie que ce n'est pas si compliqué) ? Travaillez avec un prestataire sérieux.
- Vous n'êtes pas à l'aise avec les médias sociaux ? Testez les différentes plates-formes et *après seulement*, si vous n'y trouvez vraiment aucun intérêt, concentrez-vous principalement sur le marketing par e-mail (chapitre 5).

DÉCOUVRIR SES FORCES

Tom Rath est l'auteur de *Strenghts Finder 2.0* que je recommande vivement. Un quiz est rattaché à ce livre qui a pour objectif de donner une liste de vos cinq plus grandes forces, parmi une liste de trente-quatre.

Parmi mes forces, il y a « *Connectedness* ».

Cette force est plutôt abstraite. En résumé, elle signifie que j'ai des facilités dans le relationnel et que j'ai de l'empathie pour les gens.

Que faire de cette force qui *a priori* n'a rien à voir avec le blogging ou le business ?

Après avoir fait ce test, j'ai décidé de développer une partie événementiel à mon activité à travers des conférences en ligne, mais aussi des événements en présentiel comme la Conférence Solopreneur. J'aime discuter, écouter les gens et les mettre en relation avec d'autres personnes. Le fait de me servir de cette force a été déterminant dans le développement de mon activité. Non seulement cela me différenciait des autres, mais surtout j'ai pu développer et impacter plus grandement mon audience ainsi.

Voici la question que je vous pose maintenant, quelles sont les qualités humaines qui vous définissent le mieux ? Si vos meilleurs amis se mettaient autour d'une table (sans vous), quelles seraient les dix qualités qu'ils citeraient vous concernant ? Promettez-moi de ne pas vous focaliser uniquement sur vos compétences « professionnelles ».

Maintenant, imaginez que vous ayez glissé un micro à cette réunion. Quelles sont ces dix qualités :

1 ....

2 ....

3 ....

4 ....

5 ....

6 ....

7 ....

8 ....

9 ....

10 ....

L'entrepreneur est un créateur. À partir d'idées, il veut concevoir des produits pour les vendre à ses clients. Mais avant de passer à cette étape, prenons déjà le temps pour créer du contenu en tant que blogueur. Ce processus de création de contenu nous servira par la suite lorsque l'on mettra en place la vente d'un bien ou service. Et en attendant, nous allons satisfaire notre besoin inné de créer et prendre du plaisir à partager cela avec nos premiers lecteurs.

■ RESSOURCES COMPLÉMENTAIRES

Livres

- *Will It Fly ?*, Pat Flynn, Flynndustries, LLC, 2016
- *Wisdom Meets Passion*, Dan Miller, Jared Angaza, Thomas Nelson Publishers, 2012

Ressources sur le blogging

- www.notuxedo.com
- www.trucsdeblogueuse.com
- www.blogbuster.fr
- www.traficmania.com
- www.blogueur-pro.com
- www.bloguer.tv
- www.stephanebriot.xyz

Création graphique

- Suggestions de prestataires : www.solopreneur.fr/prestataires

CHAPITRE 2
LE TECHNICIEN

« Ne vous souciez pas d'être meilleur que vos contemporains ou vos prédécesseurs. Essayez seulement d'être meilleur que vous-même. »

William Faulkner

Certains aiment bricoler, d'autres pas du tout. Dans ce chapitre, nous verrons qu'il est essentiel de connaître des fondamentaux et de les mettre en application si vous voulez créer votre futur business. Je vous montrerai les outils, les étapes et les précautions à prendre durant ce processus. Et surtout, ne soyez jamais découragé. Sachez que nous sommes absolument tous passés par des moments de galère. Mais ceux qui persévèrent réussissent toujours. D'une manière ou d'une autre.

■ DÉBUTER

Durant mon stage à Shanghai, j'ai lancé mon premier « vrai blog » qui s'appelait « Web Wonders ». J'y racontais ce que je trouvais de passionnant sur le Web. Puis j'ai lancé le blog « Webmarketing décortiqué » pour partager ce que j'y apprenais et qui me passionnait : le marketing digital. J'y racontais aussi mon propre parcours de blogueur aspirant professionnel. Pendant un an, j'y publiais même mes revenus mensuels. Sur ce blog, ancêtre de Solopreneur.fr, je prenais déjà plaisir à inspirer, à encourager et à conseiller d'autres blogueurs, comme je le fais à travers ce livre. Sur ce projet, j'apprenais complètement en autodidacte. J'aurais aimé avoir un guide comme celui-ci pour m'aider, j'aurais pu économiser des heures et des heures. Des erreurs, j'en ai commises. Des difficultés techniques, j'en ai rencontrées ! Mais jamais je n'ai abandonné, et j'ai progressé petit à petit, comme un bébé qui apprend à marcher petit à petit.

C'est à l'âge de 15 ans que j'ai eu mon premier ordinateur. Comme vous certainement, j'étais heureux. L'argument annoncé à ma mère à l'époque : c'est pour mieux travailler à l'école. Forcément, ma maman chinoise ne pouvait pas me refuser cet « investissement » de 10 000 francs, soit environ 1 600 euros. Une somme énorme pour notre famille à l'époque.

Cet ordinateur, je l'ai utilisé principalement pour jouer, discuter et télécharger de la musique illégalement (j'ai arrêté)… bien loin des promesses faites à ma mère…

PAS DE COMPLEXE

Durant des années, ce temps et cet argent dépensés ne m'apportaient rien… Sauf que si aujourd'hui je suis à l'aise sur le Web, c'est bien grâce aux milliers d'heures que j'ai passées sur l'ordinateur. Conclusion : nous ne démarrons pas du même point de départ. Mais il n'y a pas de complexe à avoir, car si pendant que je jouais à des jeux de tir sur l'ordinateur, vous faisiez du sport, vous lisiez ou que vous vous sociabilisiez, vous avez développé des capacités que moi-même je n'ai pas pris le temps de développer. Et ces capacités serviront à votre business tôt ou tard.

L'installation et la configuration de votre blog, la gestion de votre newsletter, la création d'un produit digital… Pour tout cela, vous n'avez pas besoin de savoir programmer et d'être un expert en informatique. Parfois, on me présente comme un informaticien… C'est faire offense aux informaticiens de dire cela, car je n'ai absolument aucune compétence « informatique ». Pourtant je suis entièrement autonome techniquement dans mon business. Et vous aussi, vous le serez ! Mais il faudra de la patience et du travail et savoir demander de l'aide. Comme moi, votre site se fera un jour pirater. Comme moi, vous passerez des heures à comprendre le fonctionnement d'un logiciel. Mais à chaque fois, cela se résoudra. Tout ira bien !

UNE OPPORTUNITÉ

« C'est dur d'échouer, mais c'est pire de n'avoir jamais essayé de réussir. »

Theodore Roosevelt

Nous rendons-nous vraiment compte de l'opportunité énorme de pouvoir vivre à cette époque ? Nous pouvons créer en quelques heures, sans aucune compétence informatique, un blog qui théoriquement pourrait être lu par les 3,4 milliards d'internautes, soit pratiquement la moitié de la planète.

Savez-vous envoyer un e-mail ou utiliser Facebook ? Alors vous avez les compétences pour créer un blog. Je n'exagère pas et je vous le prouverai à travers ce livre.

DÉBUTER COMME UN… DÉBUTANT

Et pas de panique quand vous rencontrerez un problème. Bien que la technologie soit une opportunité, il y a forcément des problèmes qui peuvent survenir. Restez calme, parfois il suffit de souffler un peu en faisant autre chose pour voir les choses plus clairement par la suite. C'est le temps dont notre cerveau a besoin pour souffler un peu. De nombreuses fois, j'ai pu régler des problèmes simplement en arrêtant de chercher la solution.

La technique pose souvent problème. Mais avec un peu de pratique, de la patience et de la volonté, vous verrez que c'est très intuitif et que vous pourrez produire de très bons résultats sans aucune connaissance technique au départ.

Mais une condition est essentielle : ne pas être perfectionniste. Si vous passez deux heures sur un aspect de votre blog qui est peu important, c'est autant de temps qui ne sera pas dédié à des activités plus utiles. Votre blog, tel un bébé, évoluera petit à petit. Et c'est aussi un plaisir de le voir grandir avec ses défauts. Personne ne veut un bébé qui sprinte un 100 mètres en moins de 10 secondes n'est-ce pas ? Soyez patient (avec vous-même) !

■ CHOISIR SON NOM DE DOMAINE

Nous avons vu dans le chapitre 1 comment choisir un nom de blog. Plus précisément, avant de le commander, voyons quelques points plus précisément.

EXTENSION

Idéalement, choisissez un .com qui reste la référence à ce jour. Assurez-vous que personne n'utilise le .fr et, idéalement, réservez-le aussi. De nouvelles extensions en .blog ou .voyage sont apparues. Encore trop méconnues du grand public, je vous les déconseille.

VÉRIFIER LA LÉGALITÉ

Quelques généralités sur ce qu'il ne faut pas faire d'un point de vue juridique :

- Ne porte pas atteinte à une marque déposée.
- N'utilise pas le nom d'une ville.
- Ne fais pas référence à une appellation d'origine contrôlée.
- Ne concerne pas le nom d'une personne avec un risque de confusion.

Pour en savoir plus, il est recommandé de suivre l'actualité sur le site www.afnic.fr.

TIRETS

Les tirets sont difficilement mémorisables dans un nom de domaine. Tout au plus, je recommande l'utilisation d'un seul tiret comme www.Pourquoi-Entreprendre.com afin que le *i* de « pourquoi » ne soit pas collé à la voyelle *e* de « entreprendre ».

Ici encore, un nom de domaine avec trop de tirets donne une impression d'amateurisme ou, pire, de site « spam ».

OPINIONS DES AUTRES

Enfin, n'hésitez pas à consulter l'opinion des autres. Parfois, on est tellement dans sa bulle que l'on peut croire que c'est une bonne idée, alors que ce n'est pas le cas. Demandez à vos amis ce qu'ils en pensent. Autre méthode efficace : imaginez-vous passer à la radio un jour et présenter vocalement l'URL de votre blog. Prononcez-la à haute voix. Est-ce que ça passe bien ? Est-ce que vous êtes à l'aise ? C'est important d'être un minimum fier de son nom de domaine.

■ INSTALLATION DU BLOG

PLATES-FORMES GRATUITES : NON !

Il existe deux moyens de créer son blog. Utiliser une plate-forme gratuite ou installer son site indépendant.

De la même manière que votre compte sur Facebook ou LinkedIn ne vous appartient pas, il est possible de créer un blog (qui ne vous appartient pas) sur une plate-forme gratuite telle que www.blogger.com, www.tumblr.com ou www.Over-blog.com. Cette solution a pour avantage d'être rapide à mettre en place et très facile à gérer. L'inconvénient, c'est que votre site ne vous appartient pas. Il est hébergé chez ces entreprises.

J'estime que si vous avez pris le temps d'acheter ce livre et de le lire, vous ne serez pas intéressé par cette solution très limitée techniquement et vous imposant prochainement de migrer votre contenu tôt ou tard chez vous…

LA SOLUTION : WORDPRESS

Avec 27,3 % des sites Web (pas seulement pour des blogs) dans le monde qui utilisent WordPress, il s'agit d'une référence absolue. **À ne pas confondre le logiciel libre WordPress, de la plate-forme gratuite** www.WordPress.com **qui se fond sur une technologie similaire.** Les avantages sont nombreux : gratuit, simplicité d'utilisation, optimisé et des milliers de développeurs qui créent des thèmes et des extensions WordPress (à voir plus bas) payants ou gratuits pour aider le webmestre que vous êtes en train de devenir.

Ceci étant dit, si véritablement le paiement de cet abonnement et la technique vous effraient, suivez l'option précédente pour commencer. Ce sera toujours mieux que rien !

Témoignage

Julio Potier, expert WordPress, consultant et formateur en sécurité Web, directeur général de WP-Media.me | Twitter : @BoiteAWeb

« J'ai commencé WordPress en 2009 dans l'idée de "juste faire un blog photo" pour la naissance de mon premier enfant. J'ai ensuite lancé mon activité de freelance sur la création de sites, puis le développement de plugins (extensions) à la demande. Entre-temps j'ai créé boiteaweb.fr afin de partager mes connaissances techniques ainsi que mes comptes rendus de conférences. Puis, étant consultant en sécurité Web, j'ai réalisé des audits de site et aidé beaucoup de personnes à garder leur business debout. Travailler uniquement avec WordPress était un choix facile car c'est un CMS puissant avec une communauté vraiment géniale, peu importe l'endroit du monde où vous vous trouvez.

Aujourd'hui et depuis 2013 soit seulement quatre ans après, je suis cofondateur de la plus grosse start-up française sur WordPress avec treize employés ravis, pour trois produits du tonnerre en vente, et avec plus de 1 million de chiffre d'affaires annuel pour ne rien gâcher.

Continuez de rêver car ce rêve n'est peut-être pas si loin de se réaliser. »

Comment utiliser WordPress

Techniquement, un site Web est un ensemble de fichiers hébergé sur un serveur (ordinateur connecté à Internet) et accessible *via* Internet.

WordPress est un CMS qui vous permettra de créer et de gérer ces fichiers.

Si WordPress était un humain, il serait à la fois le squelette, les organes et les différents systèmes du corps. Le thème WordPress serait les vêtements et les extensions WordPress des accessoires (smartphone, montre, lunettes...). Et vous seriez le cerveau qui commande.

Thèmes et extensions WordPress

Le design de votre site dépendra du thème (ou *template*) WordPress que vous utiliserez. Ils ont été conçus pour vous permettre d'habiller votre blog et il est possible de les configurer pour qu'ils correspondent à votre style.

Une extension (ou *plugin*, en anglais) est un logiciel qui s'ajoute à votre site pour lui donner des fonctionnalités supplémentaires.

Tous les deux sont disponibles gratuitement ou pas et s'installent en deux clics. Néanmoins, leur configuration peut prendre un peu de temps, mais ce n'est rien comparé au temps que ça prendrait de créer ces fonctionnalités soi-même.

L'hébergement Web

Pour créer un blog et installer WordPress (voir ci-dessous), il faut louer un espace Web chez un hébergeur comme 1&1, OVH ou Hostgator. La plupart de ces entreprises offrent une solution d'installation de WordPress en un clic. Il suffit de prendre un pack chez eux qui inclut un nom de domaine, un espace d'hébergement et WordPress s'installera en quelques clics. L'abonnement vous coûtera environ 40 euros par an.

Témoignage

Johan Tefkak, blogueur www.francaisauthentique.com | Twitter : @FraAuthentique

« Le blogging, ou plus généralement le partage de contenu texte, audio et vidéo est un moyen extraordinaire de partager mes idées avec le monde et de discuter de tous types de sujets avec des personnes basées dans le monde entier. Ayant la chance de pouvoir compter sur une audience large et éclectique, je vois mon blog comme un outil d'échange et de partage formidable. Qui aurait pensé il y a trente ans qu'il serait possible d'apprendre une langue et d'échanger avec des gens du monde entier sans bouger de chez soi ? C'est ce que le blogging permet de faire aujourd'hui. Je suis fier d'apporter ma pierre à l'édifice par le biais de Français Authentique qui aide des centaines de milliers de personnes dont le français n'est pas la langue maternelle à apprendre à le parler en prenant du plaisir. Ma tâche, qui est d'aider ces personnes à passer de l'état de compréhension à l'état d'expression, est passionnante. Vive le blogging ;-) »

Installer WordPress

La première méthode de création d'un blog consiste à le faire manuellement, comme un grand. Cela nécessite quelques manipulations plus ou moins complexes. La seconde méthode consiste à utiliser la fonction d'installation de WordPress fournie par votre hébergeur. Vous aurez votre blog WordPress en dix minutes en suivant seulement quelques instructions. Un régal ! Néanmoins, il y a un point très important à respecter : choisir une installation « pure » de WordPress. En effet, parfois on vous proposera une « version sécurisée et accompagnée » de WordPress, mais qui aura pour inconvénient de limiter votre accès à certaines fonctionnalités.

Un tutoriel vidéo est disponible sur www.solopreneur.fr/wordpress.

Pour dissuader les risques de piratage informatique, tâchez de complexifier un peu vos informations de connexion en choisissant un identifiant avec un mélange de chiffres et de lettres et pour le mot de passe, complétez même avec des caractères spéciaux.

■ VISITE GUIDÉE

« Le courage est la résistance à la peur : la maîtresse et non l'absence de la peur. »

Mark Twain

Bravo, votre blog est maintenant installé ! L'aventure commence.

Pour vous connecter à votre blog, il faudra vous rendre sur l'URL www.NOMDEDOMAINEDEVOTREBLOG.com/wp-admin et entrer les informations de connexion créées lors de l'installation du blog.

Une fois sur votre tableau de bord, vous trouverez les principales zones détaillées ci-dessous.

ARTICLES

Pour retrouver tous vos articles (publiés ou non), rendez-vous sur « Tous les articles ». Ici, vous aurez un index de tous vos articles et vous pourrez aussi effectuer des modifications groupées. En attendant, voyons comment écrire votre premier article, rendez-vous sur « Articles » >> « Ajouter ». Ici, ajoutez un titre, choisissez une catégorie et des tags, ajoutez votre contenu et enregistrez en « brouillon » ou publiez.

PAGES

Commencez par écrire votre page « À propos » en vous rendant sur « Pages » >> « Ajouter ». Le fonctionnement est identique à celui des « Articles ».

APPARENCE ET THÈME WORDPRESS

Si vous souhaitez installer un thème gratuit, consultez le catalogue gratuit en allant sur « Apparence » >> « Ajouter ». Une fois votre thème choisi, cliquez dessus et installez-le. Si vous avez acheté un thème, il faudra cliquer sur le bouton du haut « Mettre un thème en ligne » et suivre les étapes indiquées. Sous « Personnaliser », vous pourrez configurer votre thème.

EXTENSIONS

En allant sur « Extensions » >> « Ajouter », vous pourrez installer les extensions gratuites dont vous avez besoin. Elles vous permettront d'ajouter des fonctionnalités additionnelles à votre blog.

UTILISATEURS

Pour ajouter une mini-biographie et autres informations, il faut se rendre dans « Utilisateurs » >> « Votre profil » et remplir chacun des champs.

RÉGLAGES

Dans « Réglages », vous aurez la possibilité d'effectuer quelques options. Pour l'essentiel, les réglages par défaut sont suffisants. Rien à modifier.

DIFFÉRENCE ENTRE ARTICLES ET PAGES

L'une des premières questions qui vous vient à l'esprit est sans doute de comprendre la différence entre des articles et des pages. Les premiers sont les billets que vous publierez pour alimenter votre blog chaque semaine. Ces publications sont datées. Quant aux « pages », il s'agit de pages Web n'ayant pas pour objet d'apparaître dans la liste des derniers articles. Exemples de pages : À propos, Contact, Prestations, Mentions légales…

Mentions légales

Conformément à la loi n° 2004-575 du 21 juin 2004 pour la confiance dans l'économie numérique, un blog doit contenir des mentions légales. Il s'agit de créer une page et d'y indiquer notamment :

- le nom et prénom de l'auteur du site (vous-même) et votre adresse postale ;
- coordonnées de l'hébergeur Web (téléphone, e-mail, dénomination ou raison sociale, adresse) ;
- pour une activité commerciale : numéro d'inscription au registre du commerce et des sociétés (RCS).

Vous retrouverez la liste exhaustive sur le site du Service public [www.legdb.fr/2-me]//

INSTALLATION DES PREMIÈRES EXTENSIONS WORDPRESS

Pour ajouter des fonctionnalités essentielles à votre blog, il est important d'installer ces petits logiciels. Nous nous attarderons ici sur les indispensables :

- Jetpack est un ensemble de fonctionnalités indispensables pour notamment suivre ses statistiques et bloquer des spams (avec Akismet).
- Yoast SEO permet l'ajout d'un champ de « Titre SEO » et de « Meta description » sur les articles et pages. À quoi cela sert-il ? Vous le verrez dans le chapitre 6 « Le Marketeur ».
- Updraft Plus est nécessaire pour faire des sauvegardes de votre site.
- Pretty Link : extension pour créer des liens courts de redirection comme je le fais à travers ce livre.

Ces extensions sont gratuites (merci la communauté WordPress !). Des tutoriels de configuration ainsi qu'une liste mise à jour des meilleures extensions est disponible sur www.solopreneur.fr/extensions.

CATÉGORIES ET MOTS-CLÉS

Lorsque vous écrivez votre premier article, vous verrez sur la droite les rubriques « Catégories » et « Mots-clés » (que l'on appellera sous son nom anglais « tags »). À quoi servent-ils ?

Les catégories servent à classer vos articles. Vous devriez en avoir entre trois et huit certainement. Pour les définir, il faudra créer des sous-thèmes à la thématique de mon blog. Prenons le cas du blog www.jujube-en-cuisine.fr. Ces catégories sont « Recettes salées », « Recettes sucrées » et « Recettes sans ». Concernant les tags, ils pourraient être « Noël », « Famille », « Romantique », « Accessoires », « Restaurants »... Il s'agit là de décrire notre article à travers des idées. Autant il est recommandé d'affecter une seule catégorie à un article (une recette est soit sucrée, soit salée), autant il n'y a pas de limites pour les tags. L'intérêt de ces classifications est de permettre au lecteur (et au blogueur) de pouvoir naviguer sur votre blog en filtrant vos millions d'articles (faut y croire !) par intérêt. Si je cherche une recette de dessert, je saurai chercher dans la catégorie « Recettes sucrées » et si je veux une idée pour une soirée en amoureux, j'irai chercher à travers le tag « Romantique ».

BARRE LATÉRALE ET WIDGETS

Sur la partie droite de votre blog, se trouve la barre latérale (*sidebar*, en anglais).

Pour faire des réglages au niveau de la *sidebar*, il faut aller dans « Apparence » >> « Widgets » puis la configurer en utilisant des glisser-déposer. Les extensions que l'on aura installées permettront d'avoir des fonctionnalités supplémentaires ici. Ces fonctionnalités s'appellent des « widgets ».

Quelques éléments qu'il faudra mettre à votre barre latérale pour commencer :

- une courte présentation du site (avec le widget « Texte ») ;
- des boutons vers les réseaux sociaux qui peuvent être ajoutés grâce au widget « Icônes des réseaux sociaux (Jetpack) ».

Important

Moins vous ajoutez d'éléments, plus votre site sera facile et agréable à consulter. Si vous mettez trop de widgets, la lisibilité de votre blog en sera impactée.

L'expert

Thierry Pigot, expert WordPress. PDG de www.wp-assistance.fr | Twitter : @thierrypigot

« WordPress est l'outil le plus utilisé dans le monde pour créer un site Internet. Utiliser cette solution pour travailler sa visibilité sur le Web est donc un choix stratégique, car vous trouverez forcément un accompagnement, gratuit ou payant, pour vous sortir des points de blocages ou encore monter en puissance.

Mon conseil ? Entreprendre est une aventure passionnante qui demande toute votre attention afin de faire croître votre activité. Trouver les bons partenaires pour vous décharger des tâches rébarbatives est un choix important. Ainsi, vous vous concentrez sur votre business et vos partenaires, sur votre comptabilité, sur votre logistique ou bien encore sur votre site Web... »

DEMANDER DE L'AIDE

À chaque fois que vous rencontrez des difficultés, n'hésitez pas à consulter Google, le service client des entreprises qui vous vendent leurs produits et… à m'écrire à lingen@solopreneur.fr.

Si vous avez des besoins plus précis ou les moyens de déléguer la partie technique à un prestataire, choisissez quelqu'un de préference reconnu, qui a un site Internet lui-même, qui montre son visage, son identité et qui a donc quelque chose à perdre s'il ne fait pas bien son travail. Trop souvent, on tombe sur des prestataires qui se cachent, et quand ils ont encaissé votre argent, ne font pas bien le travail. Faites appel à quelqu'un de confiance, par recommandation de préférence. Et n'hésitez pas à consulter la liste des prestataires que je suggère sur www.solopreneur.fr/prestataires.

CHOISIR UN THÈME WORDPRESS

Un bon design donne à l'internaute envie de rester sur votre blog. Il est satisfait parce que votre site est agréable à regarder et qu'il trouve facilement l'information dont il a besoin.

Commencez par vous inspirer des designs sur les sites que vous aimez. Cela vous donnera une idée de ce que vous voulez. Puis consultez le catalogue gratuit en allant sur « Apparence » >> « Ajouter ». Choisissez un design simple.

Si vous voulez démarrer plus professionnellement, voici quelques plates-formes[1] que je recommande pour acheter un thème qui vous coûtera entre 30 et 100 euros :

- Theme Forest : un catalogue de milliers de thèmes WordPress ;
- WooThemes : thèmes WordPress avec abonnement ou achat à l'unité ;
- StudioPress : des thèmes personalisables et simples à utiliser ;
- Elegant Themes : accès à des dizaines de thèmes dont Divi ;
- Plate-forme WP digital : thèmes WordPress en français.

Je présente une comparaison de ces différentes plates-formes sur [www.legdb.fr/2-th].

CRÉATION D'UN E-MAIL PERSONNALISÉ

J'utilise actuellement lingen@solopreneur.fr et non une adresse Gmail afin de paraître plus professionnel. Cette tâche ne devrait pas

1. Liste de tous les thèmes que je recommande sur [www.legdb.fr/2-te].

vous empêcher d'avancer dans votre projet. Vous pourrez revenir sur ce point lorsque l'on abordera le chapitre 6 sur le marketing par e-mail.

Pour créer un e-mail personnalisé, il faut se rendre sur son hébergeur. Les manipulations sont différentes selon la solution que vous aurez choisie et vous retrouverez les tutoriels chez votre prestataire. Ce service est inclus dans le pack que vous avez commandé.

Pour commencer, il est important de faire simple. Plus on va chercher à faire des choses compliquées, plus on s'expose à rencontrer des problèmes.

Quand j'ai débuté, je cherchais à installer toute sorte d'extensions, alors qu'aujourd'hui je me contente des plus utiles. Évitez-vous aussi de perdre du temps à chercher les derniers outils à la mode. Concentrez-vous sur ce qu'il y a de plus utile d'abord.

Faire simple, c'est aussi agréable pour les visiteurs. Ils viennent sur votre blog pour du contenu, alors concentrez-vous sur la meilleure manière de leur délivrer cela simplement.

RESSOURCES COMPLÉMENTAIRES

Tutoriels WordPress

Sur www.solopreneur.fr/wordpress, vous retrouvez des tutoriels en vidéo qui vous aideront à :

- effectuer les réglages de base ;
- installer un thème WordPress ;
- suivre les statistiques de vos visites ;
- créer un menu de navigation ;

- installer Google Analytics ;
- insérer une image ;
- insérer une vidéo ;
- ajouter un widget.

Sites Web et services Web

- www.wp-assistance.fr : support technique pour WordPress
- www.secupress.me : sécurité WordPress
- www.wpmarmite.com : ressources WordPress
- www.goodbarber.com : création d'application mobile

Outils

- www.google.fr/chrome/browser/desktop/ : navigateur Web
- www.dropbox.com : stockage et partage de fichiers en ligne
- www.drive.google.com : suite bureautique en ligne
- www.skype.com pour passer des appels vidéos
- www.analytics.google.com : outil de référence pour suivre les statistiques de son site.

CHAPITRE 3

LE CRÉATEUR

« Le besoin de créer est dans l'âme comme le besoin de manger dans le corps. »

Christian Bobin

En fonction de votre caractère, vous allez démarrer plus ou moins vite. L'objectif, ici, est d'aller puiser dans vos compétences, vos forces[1] et vos aspirations pour vous aider à vous exprimer. Vous avez bien plus à donner que vous ne le pensez et ne laissez pas vos craintes (légitimes ou non), vous stopper. Commencez petit à petit, en trébuchant. Puis vous deviendrez de moins en moins mauvais, jusqu'au jour où peut-être, comme moi, vous serez suffisamment bon pour écrire votre premier livre[2].

■ CRÉER ET PARTAGER

En dehors de toujours vouloir faire mon intéressant quand j'étais « adulescent », j'ai commencé à aimer aider les autres. Je me souviens du premier jour en classe d'allemand, j'ai voulu instantanément

1. Consulter la conférence « Mieux se comprendre pour mieux entreprendre » [www.legdb.fr/3-mi]
2. Je raconte l'écriture de ce livre dans un bilan [www.legdb.fr/3-bi]

devenir professeur d'allemand. J'aime découvrir de nouvelles choses, apprendre. Mais je prends plus particulièrement plaisir à les partager avec d'autres. Ce désir de vouloir partager et d'aider des gens m'a toujours animé.

Au lycée, je me souviens d'après-midi où j'allais me poser au bord de la Seine, à Paris, pour… écrire des poèmes… Partir d'idées et créer du contenu que l'on peut voir sur du papier, c'est incroyable comme sensation (quand c'est fait librement et en dehors de l'école).

Aujourd'hui, on peut écrire des articles, enregistrer des podcasts audio, réaliser des vidéos avec seulement un smartphone. Le blogueur peut être à la fois journaliste, cameraman, réalisateur, animateur de radio, dessinateur…

■ UN BLOCAGE MENTAL

En France, nous avons une culture de la pudeur et de la (fausse ?) modestie. Parler de nous, d'autant plus si c'est sur Internet, face à des inconnus nous met mal à l'aise. Nous n'aimons pas afficher nos échecs et nos faiblesses, et à peine plus nos réussites et nos forces. C'est dommage, car il y a sur Internet des personnes qui ont besoin de lire et de réfléchir à partir de contenu « non académique ». Elles ont besoin de choses concrètes, mais aussi d'encouragements. Un jour, j'ai découvert sur le Web des articles donnant des conseils sur le suicide. J'ai trouvé cela totalement offusquant, alors j'ai fait en sorte d'écrire un article pour répondre à cela. Cet article a été consulté des milliers de fois et commenté plus de 500 fois. Cet article me met quelque peu mal à l'aise, je ne sais pas s'il fait considérablement plus de bien que de mal. Mais j'ai pris le courage de m'impliquer sur la question. Sans entrer dans un sujet aussi dramatique, vous aussi vous pouvez contribuer à rendre ce monde meilleur. Chacun à son niveau en est capable. Et la bonne nouvelle, c'est que plus vous créez de contenu sur le Web, plus votre projet entrepreneurial va en tirer un bénéfice.

IMPOSTEUR !

Les personnes atteintes du « syndrome de l'imposteur » expriment une forme de doute consistant à nier leurs compétences. Elles se perçoivent comme des dupeurs nés qui seront un jour démasqués.

Pour ma part, j'ai commencé très tôt à bloguer sur le… blogging. Autrement dit, je commençais à donner des conseils sur le blogging alors que moi-même je débutais. Je partageais principalement ce que j'apprenais de nos amis américains et je l'adaptais au public français. Étais-je un escroc ? Non ! D'une part, je ne vendais pas encore de produits. D'autre part, je ne me posais pas en tant qu'expert, mais en tant qu'apprenti qui partageait des conseils. Et personne ne vous en voudra si vous le présentez ainsi. Humblement, authentiquement, apportez de la valeur sans craindre les critiques.

TOUT EST SOURCE DE CONTENU

Tout peut être partagé et utile. Vous êtes mère ? Racontez la dernière technique que vous utilisez pour faire manger vos enfants.

Vous êtes passionné d'escalade, listez le matériel nécessaire à la pratique de ce sport.

Vous aimez aller au restaurant ? Faites un Top 10 de vos lieux préférés.

Vous ne savez absolument pas de quoi parler ? Écrivez un article sur pourquoi vous avez lancé votre blog. Tout est prétexte à être communiqué. N'ayez crainte de ne pas plaire à vos lecteurs, ce n'est pas comme s'ils vous avaient payé pour lire votre article moyen. Et si par bonheur une personne apprécie votre article, vous avez gagné ! Tant que vous vous adressez à des débutants, peu importe votre propre niveau. Si vous avez la générosité d'aider et si vous faites preuve d'un minimum de pédagogie, votre contenu est bon.

LISTEZ DIX IDÉES DE CONTENU

Nous avons vu au chapitre 1 comment choisir les thématiques. Tout le long de ce chapitre, vous aurez l'occasion d'enrichir une idée en cours ou d'en trouver une si vous ne l'aviez pas encore fait.

Maintenant, faites une liste de dix idées d'articles qui vous passent par la tête. Ne vous censurez pas, ce n'est pas un examen.

....

....

....

....

....

....

....

....

....

....

■ FORMATS

1. LE FORMAT TEXTE

L'écriture est un moyen de communication noble. Écrire une histoire ou un conseil permet de réfléchir profondément et méthodiquement à ce que l'on veut communiquer.

Le format texte concentre à lui seul un grand nombre d'avantages :

- simple à publier ;
- pris en compte par les moteurs de recherche et amélioration de votre référencement ;
- facile à modifier si besoin après la publication.

Bénéfices pour l'internaute

- C'est facile à consulter s'il s'agit d'un contenu didactique.
- Le lecteur choisit la vitesse à laquelle il veut consulter le contenu. Il peut ainsi lire en diagonale s'il le souhaite.
- Comme pour un livre, il peut revenir à un point précis de votre article facilement.

Conseils

- Aérez votre article. Ne faites pas de gros pavés de texte.
- Ajoutez toujours au moins une image à l'article pour le rendre plus agréable et plus attrayant lorsqu'il est partagé sur les médias sociaux.
- Utilisez des puces si cela peut vous éviter d'écrire de longues phrases.
- Éliminez les mots et morceaux de phrases inutiles. Si une idée peut s'écrire en huit mots, n'en écrivez pas dix.
- Relisez à haute voix pour mieux repérer les fautes.

Suggestions de blogs

- www.bonnegueule.fr
- www.1098.fr
- www.ruedelindustrie.com

Pour publier un article

- Se connecter à son blog WordPress.
- Cliquer sur « Articles » >> « Ajouter ».
- Ajouter un titre, choisir une catégorie et des étiquettes.

- Écrire un article de 300 à 1 000 mots.
- Remplir le champ de métadonnés ajouté grâce à l'extension WordPress Yoast SEO.
- Publier l'article.

2. LE FORMAT AUDIO

Parler est le moyen de communication le plus naturel de l'Homme. Relativement peu utilisé en France, le podcasting est un moyen de diffusion de fichiers (audio principalement) sur Internet. En s'abonnant à un podcast, nous pouvons télécharger et écouter ces émissions *via* notre ordinateur ou sur notre smartphone.

Les possesseurs d'iPhone utiliseront l'application Podcasts, tandis que l'utilisateur Android emploiera plutôt Stitcher. Sur votre ordinateur Mac OS ou Windows, l'application iTunes permet d'accéder à l'ensemble du catalogue de podcasts. Quant à SoundCloud, il est compatible sur toutes les plates-formes, c'est le YouTube de l'audio.

Certaines personnes préfèrent parler plutôt que d'écrire et les auditeurs de livres audio et de podcasts augmentent jour après jour. Il y a là une opportunité à saisir.

Avantages

- Ce format est très intimiste et provoque ainsi une fidélisation de votre audience.
- Il est relativement rapide à produire (une fois la mise en place effectuée).
- C'est un format adapté pour des interviews longues.

Bénéfices pour l'internaute

- Le podcast s'écoute tout en faisant autre chose.
- On réceptionne de nouveaux contenus automatiquement sur son appareil.
- L'auditeur a l'impression que le podcasteur lui parle personnellement.

Conseils

- Souriez ! Cela s'entend.
- Ne parlez pas face à votre microphone pour éviter des bruits « pop ».

- Avant l'enregistrement, mettez-vous en condition pour être énergique en mettant une chanson motivante par exemple. Moi, je regarde des vidéos de mon mentor : Gary Vaynerchuk.

Suggestions de Podcasts audio

- www.lecafedescreatrices.com
- www.frenchspin.fr
- www.nomadedigitalpodcast.com
- Yakoi (www.mixcloud.com/YAKOI/)
- www.podcast-entrepreneur.com

Pour créer un podcast

- Enregistrez un épisode à l'aide d'un smartphone ou d'un ordinateur.
- Uploadez le fichier audio sur la plate-forme d'hébergement audio SoundCloud.com.
- Créez une vignette pour son podcast *via* www.canva.com ou www.snappa.io.
- Soumettez votre podcast sur www.itunesconnect.apple.com et www.partners.stitcher.com afin de les rendre disponibles sur les applications mobiles Podcasts (iOS) et Stitcher (iOS et Android).
- Intégrez le lecteur audio de votre épisode sur votre blog.

Pour un pas à pas plus précis et exhaustif, consultez le tutoriel sur www.solopreneur.fr/podcast-tutoriel et vous découvrirez toutes les étapes agrémentées de vidéos.

L'expert

Patrick Beja, podcasteur tech sur Frenchspin.fr | Twitter : @NotPatrick

« À mon sens, le podcast est un média tout à fait unique : d'une part le faible coût de production permet à des passionnés de créer des émissions qui ne trouvent pas leur place sur des médias traditionnels, et d'autre part, le ton convivial crée un lien unique entre l'animateur et l'auditeur.

Ces deux éléments constituent à mon sens les points forts du média, et j'y suis très attaché. C'est ce qui m'a attiré tout de suite, parce que je trouvais enfin un média qui me ressemblait, qui parlait de tech, de jeu vidéo et d'autres choses, mais surtout sur le ton des conversations que j'avais depuis toujours avec mes amis. Certes, les bons podcasteurs connaissent leur sujet, mais l'approche est si conviviale que l'on a l'impression d'être assis à une table de café avec eux. Ça n'existe nulle part ailleurs ! »

3. LE FORMAT VIDÉO

La vidéo est le format à la mode du moment. Pour publier une vidéo, il suffit de l'uploader sur YouTube et Facebook et de l'intégrer par la suite sur son ordinateur. (Cela signifie que la vidéo reste sur YouTube, par exemple, et que l'on ajoute simplement un lecteur « à distance » sur son blog.) On peut y créer des vidéos très didactiques et formelles et/ou créer un format plutôt informel, que l'on appelle un « vlog » pour « video blog ». Sur ma chaîne YouTube, j'essaie de créer les deux. Soyez créatif et n'ayez pas peur d'explorer différents formats comme le tutoriel, les interviews… Sentez-vous libre, ce sont vos vidéos !

Avantages

- YouTube étant le deuxième moteur de recherche après Google, votre vidéo peut être trouvée très facilement.
- C'est un format très apprécié.
- Très didactique lorsqu'il s'agit de montrer visuellement quelque chose.
- En montrant votre visage, vous créez un lien plus fort avec votre audience.
- Sur Facebook, Twitter et Instagram, ce format de publications est privilégié par rapport à d'autres.

Suggestions de chaîne vidéo

- www.solangeteparle.com
- www.joueurdugrenier.fr
- www.cyprien.fr

Pour créer votre première vidéo

- Enregistrez une vidéo avec votre smartphone.
- Allez sur www.youtube.com et créez une chaîne en cliquant sur l'icône tout en haut à droite.

- Ajoutez une vidéo en uploadant directement depuis l'application YouTube de votre smartphone ou *via* www.youtube.com
- Uploadez la même vidéo sur votre page Facebook, Twitter (si la durée est inférieure à 2 minutes et 20 secondes) et Instagram (si la durée est inférieure à 1 minute).

Conseils

- Ne vous contentez pas de publier la vidéo sur YouTube mais intégrez les vidéos sur votre blog.
- Assurez-vous que le son est bien pris et utilisez un micro-cravate externe de préférence.
- Assurez-vous que l'éclairage est suffisant.
- Pratiquez ! Vous verrez que vous progresserez très rapidement et vous prendrez plaisir plus tard à comparer la qualité de la dixième vidéo à la première.

4. LES IMAGES

Peut-être avez-vous des talents de dessinateur ou de photographe ? Vous-même, vous êtes plutôt « visuel » ? Exprimez-vous par la publication de photos ou de dessins. Vous avez le droit !

Avantages

- Vous atteignez une nouvelle audience grâce à Google Images, car votre image y sera référencée.
- Vous avez la satisfaction liée à un processus créatif.
- Ce format pédagogique et efficace permet de faire passer une idée ou une information.

Bénéfices pour l'internaute

- C'est facile et rapide à consulter.
- C'est divertissant.

Conseils

- En plus de publier sur votre blog, publiez directement sur les médias sociaux, la portée de votre publication sera bien plus grande.
- Google référence les pages Web en fonction de la qualité de leur contenu écrit. Si vous publiez une image, il faudra lui donner un nom de fichier avec des mots-clés et ajouter du texte.

Suggestions de blogs

- www.margauxmotin.typepad.fr
- www.experimentons.fr
- www.plantu.blog.lemonde.fr

■ CHOISIR SON FORMAT

Le meilleur moyen de choisir son format de prédilection, c'est de tester et de voir ce qui vous convient le mieux.

Dans quel cas vous sentez-vous le plus authentique et prenez-vous le plus de plaisir ? Si vous n'avez pas le sourire quand vous créez du contenu, c'est mauvais signe.

Il y a aussi une réalité, qui est votre audience. Pour ma part, j'aime énormément créer des épisodes de podcast. Mais il serait imprudent pour moi de ne pas capitaliser sur les vidéos YouTube tant c'est efficace aujourd'hui. Il est rare aujourd'hui de ne créer du contenu que sous une seule forme.

Ci-dessous, écrivez 5 à 10 sujets de contenu que vous allez tester, en précisant le format à chaque fois. N'hésitez pas à traiter un même sujet sous différents formats.

....

....

....

....

....

....

....

....

....

....

■ MANQUE D'INSPIRATION ?

Plus vous aurez bien choisi le thème de votre blog, plus vous aurez des facilités à trouver des idées de contenu. Mais cela fonctionne aussi dans le sens inverse, si vous n'êtes pas certain de votre choix de thématique, commencez par trouver des idées d'articles. L'essentiel est d'éviter de rester dans l'inaction pour chercher une réponse.

SUGGESTIONS POUR TROUVER UNE IDÉE

- Faites un retour d'expérience sur un projet, un événement… Racontez de manière chronologique, ou par sujet.
- Un sujet d'actualité vous interpelle : partagez votre opinion.
- Faites une liste des meilleurs outils, de personnes, de lieux, recettes… sur une thématique précise.
- Une vidéo sur YouTube vous plaît ? Intégrez-la sur votre blog.
- Qu'avez-vous appris dernièrement dans votre vie personnelle ? Pour mes 30 ans, j'ai partagé une série d'articles où j'ai raconté les choses importantes que j'ai apprises dans ma vie.

■ UNE AVENTURE, PAS UNE DESTINATION

Peut-être n'êtes-vous toujours pas en confiance pour publier du contenu. Plusieurs raisons peuvent expliquer cela et la peur en est une. Croire que son contenu pourrait déplaire devient un frein à l'action. Derrière se cache peut-être un manque de confiance en soi, un traumatisme lié au passé, une pudeur…

Je peux déjà vous rassurer sur un point : au début, personne ne verra votre contenu. Et vous pourrez le modifier à volonté et même le supprimer si vraiment c'est gênant. Il n'y a aucun risque.

Nous vivons dans une culture où l'échec n'est pas permis. Nous avons peur de décevoir nos parents, nos professeurs… Or les erreurs et l'apprentissage que permettent ces erreurs sont importants pour progresser. Un reproche que l'on vous fera à tous les coups : vous faites trop de fautes honteuses et impardonnables sur votre site.

La langue française est difficile à maîtriser (merci les relecteurs et les éditeurs d'Eyrolles d'avoir corrigé ce livre !). Mais comme pour tout, « C'est en forgeant qu'on devient forgeron ». Soyez patient, bienveillant avec vous-même et ne vous laissez jamais décourager par les remarques non constructives ! Plus vous pratiquerez, plus vous progresserez. Il faut voir le blogging comme une aventure et surtout pas comme une destination. Me concernant, je reçois de temps à autre des commentaires me disant que mon blog est de mieux en mieux. Et l'on me dira la même chose dans cinq ans. La marge de progrès est infinie et il faut prendre plaisir à cette progression.

■ RYTHME DE PUBLICATION

Une question légitime que se posent la plupart des débutants n'est-ce pas ? Publiez autant que vous le pouvez sans que cela n'affecte vos autres priorités. Concrètement, si écrire un article vous prend du temps sur une partie de jeu vidéo et que vous en êtes très satisfait, continuez et publiez un maximum d'articles. Mais si la création de contenu nuit à votre santé parce que vous ne dormez que cinq heures par nuit, arrêtez tout de suite. Cela dépend de votre temps libre, mais aussi de vos aspirations. Si vous souhaitez développer un business rapidement et que vous avez du temps libre, vous aurez intérêt à publier beaucoup d'articles. Si cela reste au stade de test encore, pas de pression.

La notion de plaisir est importante dans votre activité, car c'est une course de fond et il faut garder de l'énergie dans la durée.

Ceci étant dit, je peux vous donner une formule simple : publiez un article par semaine, chaque semaine (de votre vie).

AJOUTER DE LA PERSONNALITÉ

Un blogueur n'est pas un journaliste. Le lecteur ne vient pas uniquement lire un article de qualité, il cherche à connaître votre opinion personnelle, votre ressenti et à lire une histoire même. Nous sommes tous curieux par nature et pour créer un lien affectif et fidéliser son lectorat, il est important de se dévoiler quelque peu. Les blogueuses lifestyle le font très bien.

L'internaute est très souvent à la recherche de quelqu'un en qui il pourrait se reconnaître et avec qui échanger. Si vous ne fournissez que des articles techniques et sans « chaleur », alors il vaudra mieux pour lui qu'il aille sur Wikipédia ou lise un magazine.

Vous craignez ne pas pouvoir plaire à tout le monde ? Je comprends. Mais chercher à plaire à tous est une cause perdue d'avance. Dites-vous que si un jour vous rencontrez un lecteur (et cela arrivera plus tôt que vous ne le pensez), il doit avoir l'impression de déjà vous connaître.

RESSOURCES COMPLÉMENTAIRES

Outils

- www.canva.com : création d'éléments graphiques
- Animoto.com : création de vidéo

- Piktochart.com : création d'infographies
- Antidote 9 : correction orthographique [www.legdb.fr/3-te]
- ScreenFlow [www.legdb.fr/3-sc] Camtasia [www.legdb.fr/3-ca] et Jing [www.legdb.fr/3-ji] : captures d'écran en vidéo

Événements

- YouTube Space Paris : ateliers pour créateurs de vidéo

Livres

- *YouTubeur*, Jean-Baptiste Viet, Eyrolles, 2016 : [www.legdb.fr/3-li]

Blog

- www.goinswriter.com (anglais)

Matériels vidéo

- L'équipement que j'utilise pour filmer avec mon smartphone : [www.legdb.fr/3-eq]

CHAPITRE 4
LE COMMUNICANT

« La forme, c'est le fond qui remonte à la surface. »

Victor Hugo

Vous avez lancé votre blog ? Bravo ! Vous avez entre vos mains l'un des outils de communication les plus puissants qu'il soit. Même des grandes marques comme Danone ou des journaux comme *Le Monde* ont des blogs.

Un blog reste néanmoins… qu'un outil. Dans ce chapitre, je vous montre comment communiquer pour attirer des internautes sur votre blog, et comment utiliser ce blog pour communiquer sur votre projet entrepreneurial (oui, oui… on y vient…).

■ *PERSONAL BRANDING*

Enfant, j'étais timide. Je n'ai pas grandi dans un cadre familial qui encourageait à s'exprimer et, dans mon quartier, disons qu'il valait mieux être discret… En grandissant, j'ai commencé à être un peu plus bavard. Aujourd'hui, tous les tests de personnalité que j'ai réalisés me décrivent comme étant « extraverti » ou « communicatif ». Que s'est-il passé ? Mon environnement a évolué et j'ai commencé à trouver des lieux d'expression et le blogging m'a permis de m'exprimer encore plus (et mieux j'espère !). Cela pour vous dire qu'il y a un fort lien entre votre capacité de communicant dans la vie et votre capacité à le faire sur le Web. Personnellement, j'aime bien raconter mon quotidien, partager mes réussites, mes ambitions, mais aussi des moments plus intimes comme mes relations aux femmes lorsque j'étais célibataire. J'ai même raconté les coulisses de l'écriture de ce livre et de sa promotion dans mon vlog !

Mais quelle utilité professionnelle pour moi de raconter tout cela ? Cela fait partie de mon *personal branding*. Selon le site www.definitions-marketing.com, il s'agit d'une « pratique qui consiste à promouvoir un individu et son image par le biais des techniques marketing et publicitaires utilisées habituellement pour promouvoir une marque[1]. Dans cette démarche, l'individu devient lui-même une marque reconnue ». Et un des moyens de travailler ce *personal branding* est le *storytelling*.

L'expert

Cédric Debacq, graphiste et spécialiste de l'image de marque, blogueur sur www.cedric-debacq.fr

« Pour moi en tant que styliste d'entreprise, l'image de marque est un atout pour les entrepreneurs quelle que soit la taille de leur entreprise. L'image de marque, c'est ce que perçoivent vos prospects et vos clients au sujet de votre propre marque. On l'associe également à l'e-réputation et à la notoriété liée à l'entreprise. L'image de marque permet à vos prospects et à vos clients de vous reconnaître. Pourquoi on reconnaît facilement Apple, Nike, la Fnac ? En partie, grâce à leur image de marque que l'on appelle aussi « branding ». Le nom est court et donc plus facile à mémoriser et leur identité graphique est très minimaliste, ce qui augmente la mémorisation. En créant une identité forte et fédératrice, votre image de marque aura un impact sur l'évolution de votre chiffre d'affaires, ce qui vous permettra de pérenniser votre entreprise. »

1. Consulter la vidéo « 5 Conseils pour développer son *personal branding* » [www.legdb.fr/4-on]

STORYTELLING

Je ne vous ai pas encore raconté pourquoi et comment je suis devenu blogueur professionnel, n'est-ce pas ? C'est le moment.

Jusqu'à mes 23 ans, je n'avais jamais voulu être entrepreneur. Pour moi, c'était synonyme d'ouvrir un restaurant chinois et d'y travailler 70 heures par semaine tout en s'endettant. C'est ce que j'ai vu chez mes parents et chez mon frère. J'aspirais à un travail tranquille dans l'administration comme fonctionnaire. J'aspirais à terminer le travail chaque jour à 17 heures et à profiter alors des soirs, week-ends et congés payés. C'est quand j'ai fait mon stage de fin d'année à Shanghai que les choses ont changé. Ma mère était hospitalisée en Chine pour une longue maladie. Suite à une opération trop éprouvante, elle est décédée un mois après. J'ai pu me libérer de mon stage pour passer cette dernière semaine avec elle… Je me suis retrouvé alors à m'occuper de mon père, âgé de 84 ans, à la maison. Comment gagner ma vie depuis mon domicile ? L'entrepreneuriat Web ! (Ce scénario n'aurait pas pu se produire ne serait-ce que dix ans plus tôt.) Cette « contrainte » que représentait mon père, j'ai pu la transformer en opportunité. Sans cela, peut-être qu'aujourd'hui je serais salarié et peu épanoui… Puis en 2013, mon père est décédé. Je sais que, là où il se trouve, il est heureux avec ma mère.

Ce récit personnel, je voulais vous le raconter. Pas par exhibitionnisme, mais parce que je sais que cette histoire va en inspirer plus d'un à se lancer. Le *storytelling*, le vrai, n'a pas pour objectif de se mettre en valeur, mais d'inspirer les autres à travers sa propre vie. Et l'une des conséquences est effectivement de provoquer une affinité de son lecteur envers soi-même. Plus vous encouragerez votre audience, plus vous leur permettrez de se sentir bien, plus ils se sentiront redevables envers vous. Et cela, c'est bon pour le business.

Répondez à ces questions

Qui êtes-vous ? Qu'est-ce qui dans votre histoire personnelle vous différencie des autres ?

Pourquoi avez-vous lancé ce blog ?

KNOW, LIKE AND TRUST

« Toutes choses égales par ailleurs, les gens vont faire des affaires, ou vont recommander des personnes qu'ils connaissent, apprécient et en qui ils ont confiance. » C'est la règle d'or du networking de Bob Burg.

Pour réussir, il faut tout d'abord se faire connaître, savoir se faire apprécier et gagner la confiance des personnes. Cela peut paraître opportuniste et peu sincère, mais sachez que nous le faisons chaque jour avec nos amis et notre famille… Gardons un sens éthique à ce que nous faisons et employons-nous alors à faire notre maximum pour nous faire connaître !

Connu → Apprécié → Fiable

POURQUOI LES MÉDIAS SOCIAUX SONT INDISPENSABLES

Aujourd'hui, les réseaux sociaux (ou médias sociaux) sont devenus incontournables pour évoluer sur le Web.

Voici les principaux objectifs que vous chercherez à atteindre :

- Améliorer votre branding : le but est de permettre aux personnes d'avoir connaissance de votre activité et de reconnaître votre marque.
- Créer une relation avec le prospect : les clients n'achètent pas seulement pour les caractéristiques d'un produit, mais aussi pour l'affinité qu'ils ont avec le vendeur.
- Obtenir du trafic en annonçant votre contenu : il est aussi possible de faire le buzz quand l'une de vos publications devient virale.
- SMO (Social Media Optimization) : les moteurs de recherche comme Google utilisent les signaux sociaux pour faire leur positionnement dans les résultats de recherche Google.
- Créer un réseau de partenaires : en sympathisant avec d'autres blogueurs et personnes influentes, vous pouvez avoir des contacts très intéressants et utiles.

Les avantages des réseaux sociaux sont :

- la gratuité : le retour sur investissement peut être significatif puisque aucune dépense financière n'est considérée ;
- le relationnel : on peut démarrer une discussion avec n'importe qui très rapidement et maintenir le lien ;
- le fait d'étudier le comportement des prospects : en observant et en interagissant, on peut repérer des besoins ;
- l'audience atteignable : ne coincez pas des flyers sur les pare-chocs des voitures de votre quartier. À travers les médias sociaux, touchez le monde entier. Un tiers de mes visiteurs sur EspritVif.com viennent d'en dehors de la France.

■ PANORAMA DES MÉDIAS SOCIAUX

Commençons par un panorama de chacun de ces réseaux.

FACEBOOK

Facebook.com est le réseau social le plus populaire et, pour professionnaliser votre compte, il faudra en plus de votre compte personnel créer une « Page » qui aura pratiquement les mêmes fonctionnalités que votre compte personnel.

Pour réussir sur Facebook, il faudra publier régulièrement du contenu (au moins cinq fois par semaine) et améliorer ses publications un peu plus chaque semaine. Il faut aussi savoir que plus vous aurez d'engagements (commentaires, J'aime, partages), plus Facebook mettra en avant vos publications qui seront visibles sur le fil d'actualité de vos abonnés. Pour cela, il est vivement recommandé de publier des photos et des vidéos. Élément important : privilégiez les heures de repas pour publier si vous voulez atteindre plus de personnes.

- Nombre d'utilisateurs : 1,79 milliard actifs par mois.
- Profils des utilisateurs : 25-50 ans.
- Comportement des utilisateurs : suivre l'actualité générale et celle des amis, et discuter.

Premiers pas avec Facebook

- Créez une page « Pro ».
- Ajoutez une image de profil (avec votre logo ou votre photo) et une image de couverture.
- Remplissez votre page « À propos ».

- Publiez votre premier texte écrit pour vous présenter en quelques phrases.
- Dans la section de droite, cliquez sur « Inviter des amis à aimer cette Page » et invitez seulement vos dix meilleurs amis. Vous en inviterez d'autres quand vous aurez publié au moins dix publications.

L'expert

Camille Jourdain, responsable communication digitale chez 909c, intervenant en écoles et blogueur Social Media | Twitter : @camillejourdain

« Grâce aux réseaux sociaux, un blogueur a la possibilité de se créer une communauté de fans et followers, mais aussi et surtout de rechercher de nouveaux lecteurs. C'est la phase d'acquisition qui a lieu au moment du lancement du blog. Il diffuse ensuite des informations régulièrement sur Facebook, Twitter et les autres réseaux sociaux pour les faire revenir sur son blog. C'est la phase de fidélisation, quand le blog existe depuis quelque temps. Pour rendre ses articles plus visibles *via* les réseaux sociaux, qu'il soit en phase de lancement ou de fidélisation, le blogueur devra miser sur quatre points clés :

- la régularité pour garder le contact avec sa communauté ;
- la fréquence pour capter l'attention ;
- la qualité pour répondre aux attentes de plus en plus nombreuses ;
- l'originalité pour se démarquer. »

TWITTER

Twitter est souvent présenté comme une plate-forme de microblogging où chacun partage ses pensées ou des liens en moins de 140 caractères. La véritable force de Twitter que peu de débutants saisissent, c'est la possibilité d'interagir avec d'autres partenaires, clients et prescripteurs. En utilisant Twitter comme outil de networking, vous allez tirer le meilleur profit de cette plate-forme. Et en ce sens, il est quasiment indispensable d'avoir un compte Twitter, même si on ne l'utilise que rarement.

Si vous consommez beaucoup de contenu autour d'un sujet précis, votre capacité de curation de contenu sera le meilleur moyen de vous faire (re)connaître rapidement. À défaut de prouver encore votre expertise, vous pouvez déjà vous présenter comme étant un passionné, spécialiste et influenceur. Et c'est déjà pas mal du tout !

- Nombre d'utilisateurs : 313 millions actifs par mois.
- Profil des utilisateurs : 25-45 ans du monde de la technologie, la politique, l'actualité, du business…
- Comportement des utilisateurs : recherche d'informations et interactions avec des personnes que l'on connaît ou non.

Premiers pas avec Twitter

- Créez un compte Twitter.
- Ajoutez une image de profil (avec votre logo ou une photo de votre visage) et une image de couverture en téléchargeant sur une banque d'image.
- Retweetez un tweet que vous aimez en lien avec votre thématique.
- Partagez le lien YouTube d'une vidéo que vous appréciez.
- Répondez à un tweet pour démarrer une discussion.

J'ai réalisé un tutoriel pour débutant que vous pourrez consulter sur www.legdb.fr/4-tw.

LINKEDIN

LinkedIn est le réseau social destiné aux professionnels. Il est devenu bien plus qu'un simple catalogue de CV, grâce à la possibilité de publier des articles et des recommandations…

Quelques minutes de travail sur LinkedIn peuvent vous aider à avoir une très belle vitrine rapidement. En effet, lorsque quelqu'un fera une recherche sur votre prénom et nom, votre page LinkedIn apparaîtra très haut dans les résultats de recherche de Google.

Enfin, il est possible, comme pour Facebook, de créer une page entreprise lorsque vous serez plus actif, et des groupes.

- Nombre d'utilisateurs : 433 millions.
- Profil des utilisateurs : 30-55 ans dans les métiers du B2B et du secteur tertiaire.
- Comportement des utilisateurs : recherche de partenariats et de travail, networking.

Premiers pas avec LinkedIn

- Créez un compte sur www.linkedIn.com.
- Remplissez votre profil avec vos expériences passées.
- Ajoutez votre blog à vos activités actuelles (sauf si cela est gênant vis-à-vis d'une autre activité professionnelle).
- Demandez une recommandation à un proche pour une expérience passée ou votre nouveau blog.
- Publiez un lien vers un article de blog (le vôtre idéalement).

INSTAGRAM

Instragram est un réseau social très apprécié, car il a l'avantage d'être axé sur les photos et vidéos. N'ayez surtout pas crainte de publier du contenu qui ne soit pas lié à la thématique de votre blog. Pensez *storytelling* et *personal branding* ! Et ne vous censurez pas, soyez créatif ! Vous pouvez même y faire des vidéos en direct en les rendant publiques par la suite (ou pas).

- Nombre d'utilisateurs : 600 millions.
- Audience principale : 15-40 ans.
- Thématiques : tout ce qui est « esthétique » (mode, photographie…) et divertissant (voyage, people, sports…).
- Comportements : volonté de se détendre et de se divertir.

Premiers pas avec Instagram

- Téléchargez l'application Instagram sur votre smartphone et créez-vous un compte.
- Ajoutez vos amis et suivez-les.
- Publiez une citation, une photo de vos vacances, en y appliquant un filtre pour un rendu plus artistique (et pour cacher les « défauts » de votre photo) en ajoutant un maximum de hashtags.
- Connectez l'application avec votre page Facebook pour publier instantanément sur les deux plates-formes en même temps.
- Commentez les publications d'autres personnes/blogueurs/influenceurs pour attirer leur attention.

YOUTUBE

YouTube est devenu le deuxième moteur de recherche après Google. Bien plus qu'un hébergeur de vidéos, YouTube est bien un média social à part entière grâce aux fonctionnalités de commentaires notamment. Avantage d'y publier des vidéos : elles seront référencées directement sur le moteur de recherche Google, ce qui permet d'avoir une forte visibilité. Les tutoriels que je publie sur ma chaîne YouTube sur l'utilisation de Twitter m'ont permis ainsi de cumuler 350 000 visionnages (et me font gagner 10 euros par mois depuis 2013 grâce à la publicité).

La vidéo est un médium qui est de plus en plus consommé et il est important de l'utiliser. Les points importants à retenir dans la création de vos vidéos : qualité du son et de la lumière. Il faut que votre voix soit audible et avoir une source de lumière qui éclaire suffisamment le sujet.

- Nombre d'utilisateurs : 1 milliard.
- Audience principale : 7-77 ans de tous les profils.
- Comportement des utilisateurs : pour se former et se divertir. Personne disponible pour une durée plus élevée qu'ailleurs.

Premiers pas avec YouTube

- Créez une page YouTube.
- Ajoutez une image de profil, une image de couverture et le lien vers votre blog.
- Créez une première vidéo de moins de 2 minutes pour présenter votre blog en utilisant un smartphone.
- Uploadez la vidéo directement *via* votre smartphone *via* l'application YouTube.
- Remplissez les différents champs : titre, description (en insérant bien le « http://» pour rendre votre lien cliquable), mots-clés du blog correspondant.

AUTRES MÉDIAS SOCIAUX

Pour une utilisation professionnelle, ces cinq réseaux cités suffisent amplement. Mais si d'autres médias correspondent plus à votre personnalité et/ou que vous y trouvez une audience très adaptée, voici une brève présentation des autres principaux médias sociaux.

PINTEREST

Plus de 100 millions de personnes dans le monde utilisent cet outil régulièrement pour regrouper visuellement sous la forme de « tableaux » des pages Web et des photos. La partie « social » n'est pas très développée, mais si vous y consacrez du temps et de l'énergie, vous pouvez devenir une référence sur une thématique précise.

GOOGLE+

La plate-forme sociale de Google fonctionne comme Facebook, mais a beaucoup moins de popularité. Son utilisation peut vous apporter des bénéfices en termes de SEO (chapitre 5).

SNAPCHAT

Une utilisation très concentrée sur une population jeune rend cette messagerie photos/vidéos moins pertinente pour la plupart des blogueurs. Mais si vous arrivez à percer sur ce réseau, les bénéfices en termes de *personal branding* peuvent être très importants. En effet, les vidéos et photos éphémères que vous partagez donnent une impression d'urgence pour l'utilisateur qui a envie de consulter. Et vous avez son entière attention durant ces quelques secondes.

PERISCOPE

Cette plate-forme de diffusion de vidéo en direct est très prisée pour les événements d'actualité. Étant donné l'imbrication du direct qui est faite actuellement avec Twitter (qui permet de publier en direct aussi), l'utilisation de Periscope n'est plus indispensable.

■ QUEL RÉSEAU CHOISIR ?

Je recommande de passer au moins quelques heures sur chaque plate-forme pour avoir une idée du site. Puis choisissez principalement en fonction de ces deux critères :

- Prendre plaisir à l'utiliser. Si ce n'est pas le cas, vous allez le faire de manière mécanique et rapidement votre enthousiasme faiblira. Si l'utilisation des médias sociaux est une corvée, soit vous n'avez pas pris suffisamment le temps de le comprendre et de le tester (qui aime le vin la première fois qu'il y goûte ?), soit cela ne vous correspond pas et laissez-le alors de côté.
- Il y a un minimum de fans potentiels sur le réseau. Pour le vérifier, regardez si d'autres blogueurs dans votre thématique ont du succès avec ce médium. Si c'est le cas, vous pouvez persévérer. Inutile cependant d'utiliser Twitter si vous bloguez pour l'audience chinoise, car ce réseau est bloqué là-bas. De même, Facebook est inintéressant si vous écrivez pour les seniors, etc.

Même si l'on décide de ne pas utiliser toutes ces plates-formes, cela ne coûte rien de réserver son nom sur celles-ci.

Cherchez si des concurrents sont actifs et, surtout, n'oubliez pas de me saluer sur ces plates-formes. Vous me retrouverez sous le nom d'utilisateur @lingenhsia sur Twitter et Instagram.

A priori, quels sont les trois médias sociaux que vous allez privilégier ?

. . . .

. . . .

. . . .

■ COMMENT GAGNER DU TRAFIC ?

Comment attirer ses premiers visiteurs sur son blog ? Voici plusieurs méthodes que vous retrouverez en observant d'autres blogueurs le faire et que j'ai moi-même appliquées depuis huit ans à travers mes blogs et les sites de mes clients.

L'expert

Olivier Monteux expert du marketing digital et des médias sociaux, fondateur de SocialMediaPro.fr | Twitter : @omonteux

Les médias sociaux sont aujourd'hui devenus complètement indispensables à la réussite d'un business en ligne ! Et ne vous y trompez pas, votre blog est lui aussi un média social.

Votre blog vous permet de partager du contenu que vous repartagerez ensuite méthodiquement sur les autres médias sociaux.

Pensez à réutiliser vos contenus : un article que vous avez écrit marche très fort ?

Faites-en une vidéo pour YouTube et Facebook.

Faites-en une présentation et partagez-la sur Slideshare.

Faites-en un sujet de Facebook Live.

Faites-en un sujet de podcast.

Transformez-le en infographie.

Ce n'est pas parce que 1 000 personnes ont vu un article sur votre blog qu'il ne pourrait pas toucher 50 000 personnes de plus sous d'autres formes !

PARTAGER SES ARTICLES SUR LES MÉDIAS SOCIAUX

La première utilisation basique des médias sociaux est de simplement partager ses propres articles sur Facebook, Twitter, LinkedIn… pour gagner du trafic. Quand vous partagez un lien, faites une accroche qui provoque de la curiosité. Si c'est pertinent, n'hésitez pas à partager votre contenu auprès de vos amis. Sachez aussi que plus vous partagerez de manière personnelle avec vos interlocuteurs, plus ils seront attentifs. Envoyer un SMS à un ami avec le lien URL de votre article sera le moyen le plus efficace qu'il existe.

PARTICIPER À DES FORUMS

Existe-t-il un forum dominant dans votre thématique ? Si c'est le cas, participez-y en ajoutant une signature avec votre blog. Ceci étant fait, répondez à un maximum de commentaires en étant généreux et empathique par votre réponse. Selon la qualité de votre réponse, les autres participants seront intrigués et cliqueront sur votre lien pour visiter votre site.

Pour trouver un forum, c'est simple : allez sur un moteur de recherche et tapez « forum + thème de votre blog ».

RÉPONDRE À DES COMMENTAIRES SUR D'AUTRES BLOGS

Une méthode qui est peu utilisée depuis la naissance des médias sociaux. Cela représente-t-il une opportunité ? À vos débuts, tous les visiteurs sont bons à prendre, alors je vous recommande d'aller commenter un maximum sur des blogs proches de votre thématique. Cela vous permettra notamment de networker avec d'autres blogueurs, et cela peut vous être très fructueux. Enfin, cela représente une opportunité de créer des liens entrants, c'est donc bénéfique sur le long terme pour le trafic de votre blog.

PUBLIER UN ARTICLE-INVITÉ

Vous avez commencé à créer quelques relations avec des influenceurs grâce aux médias sociaux ? Contactez quelques blogueurs pour leur proposer un article-invité. Et n'hésitez pas à contacter des blogueurs qui sont dans une thématique complémentaire. Vous bloguez sur la mode, contactez un blogueur qui parle de ses voyages en Asie, pour lui proposer un article comme « La mode au Japon et en Corée ». Je reçois parfois moi-même des invités, donc n'hésitez pas à me contacter pour me soumettre un article-invité.

FLATTER

« Vous obtiendrez tout ce que vous voulez dans la vie, si vous aidez les autres à obtenir ce qu'ils veulent. »

Zig Ziglar

Un principe humain très basique que vous pouvez utiliser : la flatterie. Tout le monde aime être mis en valeur, et… aime partager le fait qu'ils ont été mis en valeur. Par exemple, fin 2016, je rencontre Jean-Baptiste Viet, blogueur et auteur sur www.jeanviet.com. Je l'interviewe et je fais un article/épisode de podcast sur son livre. Il me remercie (moi et d'autres blogueurs) à travers un article où il cite mon article de blog. C'est sympa, c'est léger et c'est bon pour votre réseau.

Un influenceur dans votre sphère a beaucoup d'abonnés ? Parlez de lui, faites une interview, décrivez un de ses produits. Une idée facile à mettre en place et qui peut potentiellement vous apporter rapidement de la visibilité : écrivez un article de Top 10 des personnes les plus intéressantes de votre milieu et je vous garantis qu'au moins l'un d'entre eux partagera votre article.

AJOUTER DES LIENS PARTOUT

Commencez par ajouter le lien de votre blog sur votre signature d'e-mail. Puis à chaque fois qu'on vous le demande : inscription à un salon, sur www.meetup.com, tous les médias sociaux (même si vous ne les utilisez pas régulièrement)... Vous ne savez jamais qui peut cliquer dessus et vous apporter du trafic.

Quelles sont les trois prochaines actions que vous allez entreprendre pour gagner du trafic ?

....

....

....

Laissons de côté pour le moment le marketing par e-mail et le SEO pour le prochain chapitre. Il s'agit là en effet de deux méthodes efficaces, mais plus complexes à mettre en place.

INTERAGISSEZ

« La raison pour laquelle nous aimons nos parents, c'est qu'ils nous ont aimé les premiers. Chaque entreprise devrait considérer cela. »

Gary Vaynerchuk

Dans médias sociaux, n'oubliez pas la notion de « social ». Trop d'entreprises utilisent ces plates-formes comme une simple opportunité de faire de la publicité gratuitement. Pas étonnant que cela ne fonctionne pas ! Dans tous vos échanges, publics (à travers les médias sociaux) ou privés (par e-mail), cherchez l'interaction. En montrant votre intérêt pour vos interlocuteurs, ils se sentiront valorisés et vous les fidéliserez.

Vous pouvez publier un sondage sur Twitter, demander un avis *via* Facebook, mettre en avant une marque sur Instagram. Répondez aux commentaires que l'on vous laisse sur YouTube. Une règle techniquement facile à appliquer, mais qui vous demandera une certaine générosité de cœur : posez des questions. Montrez que vous êtes réellement intéressé par vos « fans ». Le meilleur moyen de développer votre communication (et votre projet entrepreneurial) est de créer une communauté, ou une tribu comme le souligne Seth Godin. Et n'hésitez pas à vous-même interagir avec des personnes plus avancées que vous. Twitter est un outil extrêmement adapté pour cela. Enfin, dans toutes vos interactions, montrez de l'amour. Soyez encourageant, généreux, compassionnel avec un désir d'aider. Plus vous pratiquerez l'altruisme, plus vous réussirez.

■ RESSOURCES COMPLÉMENTAIRES

Outils d'optimisation de Twitter

- www.bufferapp.com (en anglais)
- www.hootsuite.com
- www.clocktweets.com
- www.tweetdeck.twitter.com (en anglais)
- www.sociallymap.com
- www.clicktotweet.com

Conseils

- www.isabelle-mathieu.com
- www.boulevardduweb.com
- www.camillejourdain.fr
- www.socialmediapro.com
- www.easy-socialmedia.com
- www.socialmediaexaminer.com (en anglais)

Outils

- Banques d'images gratuites : www.solopreneur.fr/cf4-ph
- Typeform.com : création de formulaire Web
- Facebook Debug : http://developers.facebook.com/tools/debug/
- Twitter Card Validator : [www.legdb.fr/4-ca]

Services

- Moo.com et Vistaprint.fr : impression de cartes de visite

Livres

- *Jab, Jab, Jab, Right Hook*, Gary Vaynerchuk, HarperBusiness, 2013
- *Hypnotic Writing*, Joe Vitale, John Wiley & Sons, 2007

2

LANCER SON BUSINESS

« Un business est simplement une idée pour rendre la vie des autres meilleures. »

Richard Branson

Vous n'avez qu'une vie ! Maintenant que vous avez un blog et les cartes en main, à vous de vous jeter à l'eau maintenant. Vous n'avez certainement pas le meilleur blog au monde, mais félicitez-vous déjà de vos accomplissements !

Aux États-Unis, 54 millions d'actifs sont des travailleurs indépendants[1]. On estime que, dans quelques décennies, ils seront aussi nombreux que les salariés. En France, nous serions déjà 13 millions[2]. Se lancer à son compte est devenu un phénomène depuis la démocratisation du Web. Et vous, allez-vous profiter de cette nouvelle « révolution numérique » ?

Nous verrons dans cette partie comment passer du blogueur hobbyiste au blogueur entrepreneur. Nous avons un formidable outil entre nos mains, à nous maintenant de l'utiliser pour construire petit à petit notre propre entreprise.

On prend sa respiration. Plongeons !

1. « Aux États-Unis, le Net dope le business des travailleurs indépendants », Les Échos Entrepreneurs, 10 mars 2016.
2. « 13 millions de Français sont des travailleurs indépendants », BFM Business, 14 novembre 2016.

CHAPITRE 5

L'ENTREPRENEUR

« Une personne sage devrait avoir l'argent dans sa tête, mais pas dans son cœur. »

Jonathan Swift

Gagner de l'argent a été pendant longtemps un blocage chez moi et cela a expliqué pourquoi j'ai tant galéré les premières années. Ne faites pas cette erreur, mais consacrez-vous autant à la partie financière de votre activité qu'à l'épanouissement qu'elle vous procure. Gagner de l'argent est indispensable à la réussite de votre projet, mais c'est aussi une belle récompense qu'il faut garder en objectif chaque jour.

Enfin, n'attendez pas de vivre de votre activité pour vous dire « entrepreneur ». Vous l'êtes à partir du moment où vous avez lancé un projet entrepreneurial. Que vous soyez étudiant, chômeur, salarié, au foyer ou retraité, gardez en tête que vous êtes entrepreneur. Dites-le : « Je suis un entrepreneur. » Et en attendant de pouvoir le crier plus fort, voyons maintenant comment partir de votre blog pour gagner de l'argent.

■ PREMIÈRE VENTE

C'est en janvier 2011 que je me suis consacré à plein temps au blogging. La première année, j'ai gagné moins de 400 euros. La deuxième année, j'ai multiplié par 15 mes revenus. Mais à 6 000 euros par an, ce n'est pas suffisant pour en vivre. Surtout qu'une part importante de cet argent était dépensée en outils Web et en formations.

Puis un an plus tard lors du réveillon du Nouvel An, entre deux verres, je m'aperçois sur mon smartphone de notifications Paypal m'indiquant que je venais de vendre de nouvelles formations en ligne. Quelle sensation incroyable d'avoir créé un produit digital et d'avoir des personnes qui achètent chez vous alors que vous n'êtes qu'un « simple blogueur » autodidacte.

Moi, Ling-en, parfait inconnu un an plus tôt, je me retrouve à donner des conseils et à gagner des sommes à 3 chiffres…

Faire un chiffre d'affaires de 250 euros pour une formation, c'est sympathique, mais cela ne constitue pas un business pour autant ; c'est un hobby qui paie bien. À l'époque, j'avais peu de dépenses, et je comptais sur la retraite de mon père et de prêts pour survivre. Je me comportais comme un blogueur, pas comme un entrepreneur qui priorisait le profit. Je veux vous montrer dans ce chapitre tout ce qu'il faut savoir pour professionnaliser son activité, sans pour autant vous envahir de théories que vous ne mettrez jamais en pratique. De manière pragmatique, je vous invite à prendre votre projet au sérieux. Prêt ?

Régime micro-entrepreneur

Vous commencez à tirer un revenu de vos activités ? Pour les déclarer, je vous recommande le régime micro-entrepreneur (anciennement appelé « auto-entrepreneur »). Il permet à toute personne d'exercer son activité légalement, à titre principal ou à titre complémentaire. Les cotisations sociales sont déclarées et calculées par lui-même en appliquant un taux forfaitaire au chiffre d'affaires réalisé. Pour l'année 2017, ce dernier ne doit pas dépasser les 33 200 euros (82 800 euros si vous vendez des marchandises). Si le blogueur ne réalise aucun chiffre d'affaires, par exemple, il ne paiera ni charges, ni impôts. Il devra tout de même faire une déclaration. Pour s'immatriculer en tant que micro-entrepreneur, les frais sont gratuits et très simples comparés à tout autre régime fiscal. Pour en savoir plus, rendez-vous sur www.lautoentrepreneur.fr.

■ TROP ROMANTIQUE

« À long terme, nous sommes tous morts. »

John Maynard Keynes

Le piège quand on démarre un business en tant que blogueur, c'est que l'on est un peu « romantique » : on se dit que le plaisir prime et que l'argent va arriver tôt ou tard. On a peut-être parfois peur de gagner de l'argent et de se dire que l'on a les capacités de le faire. Mon but premier en tant qu'entrepreneur, c'est de gagner de l'argent. Sinon, c'est bien, mais c'est un projet associatif qu'il faudra financer autrement. Il s'agit déjà de faire ce travail psychologique qui est de se persuader que l'argent est l'objectif principal de son business. Quand on aura bien réussi, alors on pourra le faire passer au second plan peut-être. Pendant trop longtemps, je n'ai pas gardé cette priorité en tête et j'ai même dû, en partie pour des raisons financières, devenir salarié à deux occasions. Je touchais même des aides sociales à un moment de mon parcours. Autrement dit, dans un autre contexte, je n'aurais jamais pu continuer mon business.

■ COMMENT GAGNER DE L'ARGENT AVEC UN BLOG ?

« Si vous lancez la première version de votre produit sans en avoir honte, c'est que vous l'avez lancée trop tard. »

Reid Hoffman

Vous verrez que gagner de l'argent avec un blog se fait de diverses manières, et souvent de manière indirecte. Passons en revue ces différentes méthodes.

1. PUBLICITÉ

La publicité peut prendre plusieurs formes en commençant tout simplement par Google Adsense, la plate-forme de publicité de Google.

L'inscription est gratuite et à l'issue de la procédure, un code HTML devra être collé sur votre site afin d'afficher des publicités en lien avec votre blog. À chaque fois que l'un de vos internautes clique sur une de ces bannières, vous gagnez des dizaines de cents. Il faut énormément de trafic avant de pouvoir gagner raisonnablement de l'argent par ce biais. Cette méthode est surtout recommandée aux sites Web ayant un fort trafic (plus de 5 000 visites par jour). Vous pouvez aussi faire du publi-rédactionnel en passant par des plates-formes comme www.reech.com ou www.seedingup.fr. Il s'agira de faire la promotion d'un produit ou d'une marque à travers du contenu sponsorisé comme le font régulièrement les blogueuses mode. N'hésitez pas à penser plus large. J'ai moi-même obtenu comme sponsor pour le Meetup Solopreneur, un des partenaires de longue date : 1&1,

le leader européen de l'hébergement Web. Ce sponsor me permettait de financer les locations de salles, de gagner un peu d'argent et d'offrir des goodies aux participants. Les opportunités existent, mais il faut savoir aussi les provoquer en contactant des entreprises directement. Pour trouver ces entreprises, il vaut mieux joindre celles qui font déjà de la publicité, car cela indique qu'elles ont un budget marketing dédié. Aux États-Unis par exemple, John Lee Dumas génère des dizaines de milliers de dollars chaque mois grâce à son podcast quotidien. Faites preuve d'audace et d'imagination.

2. MARKETING D'AFFILIATION

Le marketing d'affiliation (*affiliate marketing* en anglais) est l'opportunité pour un blogueur de faire la promotion d'un produit (en tant qu'affilié) et de toucher des commissions à chaque vente, généralement entre 5 et 30 % du prix de vente. Vous recommandez une formation en ligne qui coûte 100 euros et votre lecteur l'achète ? Vous toucherez 20 euros si le taux de commission est de 20 %.

Pour commencer, idéalement partez des produits que vous utilisez et que vous recommanderez volontiers. Allez sur le site de l'entreprise et cherchez s'il y a en bas du site une page « partenaires » ou « affiliation ». Si vous ne trouvez rien, rendez-vous sur un moteur de recherche et tapez « affiliation + nom du produit ».

Si vous n'avez pas ou plus d'idées, voici les étapes à suivre :

- Inscrivez-vous sur les principales plates-formes d'affiliation.
- Prenez le temps d'écrire une description sans fautes d'orthographe et en choisissant bien des mots-clés pertinents.
- Cherchez un programme intéressant et postulez.
- Une fois accepté dans le programme (cela peut prendre quelques jours), récupérez le lien affilié qui vous est propre.

- Placez ce lien toutes les fois où la marque apparaît en précisant qu'il y a une relation d'affiliation.
- Créez un contenu présentant le produit afin d'attirer du trafic.
- Envoyez un e-mail à vos abonnés (voir chapitre suivant).

Le marketing d'affiliation vous permettra de gagner des revenus passifs (sans que vous ayez à faire quoi que ce soit), sur le moyen et long terme. Personnellement, j'ai investi du temps dessus depuis des années ; aujourd'hui, cela représente une source de revenus d'environ 300 à 500 euros par mois me concernant. En novembre 2013, j'ai enregistré un épisode de podcast où j'expliquais comment j'avais gagné en cumulé 1 572,50 euros avec un seul partenaire. Depuis, ce chiffre a triplé.

3. FREELANCING

Travailler en tant que freelance, c'est travailler pour une entreprise sans être salarié. Fin 2015, j'ai démissionné de mon poste de Community Manager auprès d'une ONG humanitaire. Cela faisait quinze mois que j'étais salarié chez eux et que je continuais à mener mes projets personnels le soir et le week-end. Je leur ai proposé de continuer à travailler ensemble, mais en tant qu'indépendant, et ils ont accepté. Je travaillais environ 60 heures par mois, sur un taux horaire de 35 euros de l'heure, ce qui me permettait d'avoir financièrement un filet de sécurité durant les quinze autres mois qui ont suivi. Puis j'ai augmenté mon taux horaire pour travailler avec des clients ayant un budget plus important. En effet, sachez facturer suffisamment pour vivre de votre activité *après* avoir payé toutes vos dépenses et cotisations. Gagner 2 000 euros par mois ne suffit pas s'il ne vous reste que 500 euros à la fin et que vous vous retrouvez sans mutuelle, ni congés payés.

Indiquez trois prestations que vous pourriez vendre à une entreprise

....

....

....

Témoignage

Jonathan Path, webdesigner spécialisé dans la conversion, et formateur sur FreelanceBoost.fr | Twitter : @jonathanpath

« En 2011, j'ai démissionné de mon CDI pour enfin être indépendant. J'ai eu énormément de galères, mais je peux clairement dire que ça a été une des meilleures décisions de ma vie. Devenir indépendant, c'est entrer dans le cercle vertueux de l'entrepreneuriat :

- On apprend à lancer des projets pour répondre à des problèmes.
- On a la possibilité de créer un travail qui nous fait réellement vibrer.
- On peut apprendre rapidement de nombreuses compétences.
- On a la liberté d'aller à la rencontre de tellement de personnes, et d'apprendre tellement d'elles.
- Et on est poussé à sortir de sa zone de confort, ce qui permet de grandir beaucoup plus vite personnellement et professionnellement.

Même quand on me propose un CDI qui me permettrait de gagner le double, je décline, tout simplement parce que j'ai goûté à cette liberté ! »

Découvrez l'interview de Jonathan sur www.solopreneur.fr/113

4. COACHING

« Le coaching est un accompagnement personnalisé cherchant à améliorer les compétences et la performance d'un individu. » Pratiquement, j'ai des clients qui viennent me voir pour un accompagnement sur le podcast, sur l'amélioration de leur visibilité sur le Web, sur le lancement de leur projet entrepreneurial. Cette approche individuelle me permet de les aider concrètement sur un sujet, en fonction de leur bagage personnel. Pour ma part, je possède des compétences pédagogiques et humaines qui me permettent de pouvoir faire ce type d'accompagnement. Mais il s'agit là d'une discipline subtile et il existe des formations pour cela. Est-ce que vous êtes quelqu'un qui a beaucoup d'empathie et qui est plutôt pédagogue ? Aimez-vous réellement aider et voir les gens progresser dans leur vie ? À savoir : les prestations de coaching sont en général facturées à l'heure.

Exemples de coaching possibles :

- en recherche d'emploi, comme Uriel Megnassan de www.carrierepunch.com ;
- en sport à domicile comme Paul Voillemin de www.frequence-performance.fr ;
- à la voix comme Jean Sommer de www.jean-sommer.fr ;
- en leadership comme Jérôme Hoarau www.jerome-hoarau.com ;
- en amour, comme Kenza Pace de www.happylove.fr.

Tout est possible tant que vous apportez une réelle valeur à des personnes. (Reste à voir maintenant si elles-mêmes sont conscientes de leur besoin.) Je vous recommande de visiter leur site Web et de comprendre leur offre et le mode de promotion de leur activité pour vous en inspirer.

5. CONSULTING

« Un client satisfait est la meilleure stratégie d'entreprise qui soit. »

Michael LeBoeuf

Lorsque l'on s'adresse à des entreprises, on parle alors de consulting qui est une activité de conseils, mais on y incorpore aussi celle de freelance parfois.

Quelques conseils :

- Soyez réactif, rigoureux et pédagogue avec vos clients.
- Facturez plus cher que face à un particulier.
- La satisfaction d'un client est la priorité. De votre relation naîtront de futures collaborations et votre client deviendra un prescripteur.
- Agrandissez votre réseau en exploitant les opportunités de networking qui s'offrent à vous.

Je vous recommande vivement le livre *Consultant : Se lancer, réussir et durer* de Arnaud Cielle (Dunod).

L'experte

Chrystèle Bourély, blogueuse sur juristeduweb.com, titulaire d'un doctorat en droit privé | Twitter : @catimini34

« En encadrant le processus de vente (livraison, prix, modalités de paiement, droit de rétractation, garantie légale, etc.), les conditions générales de vente (CGV) permettent de sécuriser le cadre juridique de la vente, et d'ainsi limiter les contestations possibles (elles servent de preuve en cas de contentieux). De plus, la présence de CGV sur un blog marchand ou sur un site d'e-commerce permet de mettre les prospects et les clients en confiance. Dans les relations entre vendeur professionnel et consommateurs (personnes physiques), la présence de CGV sur le blog est une obligation légale (article 1369-4 du Code civil). En B2C (vendeur professionnel *vs* consommateur), contrairement aux relations en B2B (entre vendeurs professionnels), faire figurer des CGV est une obligation légale : le vendeur en ligne doit les remettre au consommateur, qui doit les avoir lues et acceptées lors de la passation de la commande. »

6. VENTE DE PRODUIT DIGITAL

« Une entreprise est un processus lucratif capable d'être répété. Tout le reste est un passe-temps. »

Paul Freet

Vendre un bien digital est une opportunité incroyable qu'offre le Web. Dans une interview que j'ai réalisée de Laurent Breillat, blogueur sur www.apprendre-la-photo.fr, il nous apprend qu'il vend plus d'un demi-million d'euros de formation par an grâce à son blog. Vendre une formation en ligne à 10 élèves ou à 1 000 n'implique pas 100 fois plus de travail. Cela peut prendre aussi la forme d'un ebook pour démarrer. Il s'agit dans ce cas de vendre par exemple un PDF à 15 euros à 100 personnes pour gagner 1 500 euros. Vous pouvez même l'autopublier sur Amazon grâce à la plate-forme Amazon Kindle Direct Publishing. D'autres formats peuvent exister, mais le mieux pour vous faire une idée, c'est de chercher une formation dans votre thématique pour vous en inspirer.

Pour créer un produit, voici les sept étapes à suivre :

1. Sondez votre communauté *via* une enquête en ligne en utilisant Google Forms pour savoir ce que les gens qui vous suivent veulent acheter.
2. Préparez la structure du produit en gardant toujours en tête qu'il faut répondre à un besoin précis de votre client.
3. Créez le produit sous forme d'un PDF ou d'une série de vidéos. Choisissez un format simple pour commencer.
4. Hébergez ce produit sur une plate-forme qui gère le paiement et la distribution du produit comme Paypal ou e-Junkie.
5. Créez une page de vente sur votre blog en formulant les caractéristiques de votre produit, mais surtout quel est le bénéfice que le client peut tirer de l'utilisation de ce produit.

6. Faites la promotion du produit sur toutes vos plates-formes (newsletter, médias sociaux, blog…).
7. Créez des partenariats avec d'autres influenceurs qui pourront promouvoir votre produit.

La création et la vente d'un produit sont tellement complexes et personnelles qu'il faudrait un livre entier pour les expliquer. Partez de ces différentes étapes et avancez en fonction de votre propre projet.

■ AVERTISSEMENT !

Pour toutes ces activités, je vous rassure tout de suite. Vous n'avez pas besoin d'un doctorat. Votre tarif s'adapte à vos compétences. Vous ne vous trouvez pas assez bon ? Vendez moins cher pour commencer. Et au fur et à mesure, vous augmenterez vos prix. Tout le monde n'a pas les moyens de payer un produit cher et il y aura toujours une personne « en dessous » de votre niveau qui aura besoin de vos services. Peu importe si vous n'avez pas vingt ans de métier derrière vous, il y aura toujours un individu ou une entreprise qui aura peu de moyens et qui aura besoin d'aide. J'ai commencé à créer des sites/blogs à 500 euros, maintenant je n'accepte rien en dessous de 1 000 euros. Ne trouvez pas d'excuse en vous dévalorisant. Si c'est l'audace qui vous manque, assumez. Mais ne dites pas que c'est par manque de compétences. Et si vraiment (vraiment) c'est le cas, formez-vous !

■ VOS COMPÉTENCES

Vous avez des compétences. Utilisez-les à bon escient. Mais pour cela, il faut déjà les connaître…

Quelles sont vos compétences – qu'elles soient issues de votre passé (ou présent) professionnel ?

....

....

....

....

....

Quelles sont vos qualités humaines (qui ne correspondent pas toujours aux qualités professionnelles qui complètent la liste précédente) ?

....

....

....

....

....

....

....

....

....

....

Dans quel domaine vous éduquez-vous ou vous informez-vous le plus souvent ?

....

....

....

....

....

■ TROUVER SON PROJET

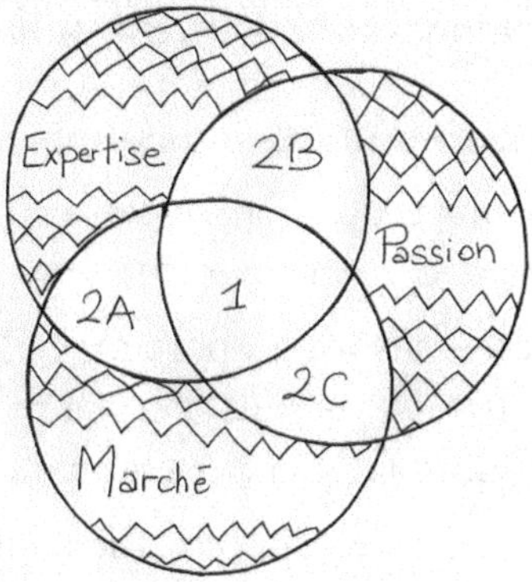

SIGNIFICATION DES TROIS SPHÈRES

- Expertise : votre niveau de compétences dans la thématique que vous traitez.
- Marché : il y a suffisamment de clients potentiels pour avoir votre place parmi les concurrents.
- Passion : votre niveau d'intérêt pour le thème.

LES DIFFÉRENTS SCÉNARIOS

En fonction de ces trois sphères, vous pourrez positionner votre projet actuel.

Scénario [1] : la situation idéale

- Expertise : vous avez des connaissances solides et êtes pédagogue. Vous aimez énormément ce que vous faites.
- Passion : si vous étiez millionnaire, vous continueriez à produire du contenu et des produits pour ce domaine.

- Marché : les besoins sont importants : de nombreuses personnes sont en détresse et sont prêtes à payer pour qu'on leur apporte une solution. Les concurrents sont peu nombreux.

Scénario [2A] : il vous manque la passion

- Expertise : vous avez des connaissances solides et vous êtes pédagogue. Vous aimez énormément ce que vous faites.
- Marché : les besoins sont importants : de nombreuses personnes sont en détresse et sont prêtes à payer pour qu'on leur apporte une solution. Les concurrents sont peu nombreux.
- Passion : MAIS… travailler sur cette thématique ne vous enthousiasme pas tant que ça. Vous sentez que votre motivation diminue face à l'échec, par exemple. Le risque d'abandon est élevé.

Scénario [2B] : le marché n'est pas favorable

- Expertise : vous avez des connaissances solides et vous êtes pédagogue. Vous aimez énormément ce que vous faites.
- Passion : si vous étiez millionnaire, vous continueriez à produire du contenu et des produits pour ce domaine.
- Marché : peu de personnes sont intéressées par votre thématique et/ou les concurrents ont vraiment une avance significative.

Scénario [2C] : vous n'êtes pas assez expert

- Passion : si vous étiez millionnaire, vous continueriez à produire du contenu et des produits pour ce domaine.
- Marché : les besoins sont importants : de nombreuses personnes sont en détresse et sont prêtes à payer pour qu'on leur apporte une solution. Les concurrents sont peu nombreux.
- Expertise : vous débutez complètement dans le domaine et vous avez tout à apprendre.

Seul le scénario 2A est insurmontable selon moi dans un business que l'on lance avec un blog en solo. En effet, se motiver pour travailler dur chaque jour sur un projet qui nous intéresse superficiellement est difficile. Se motiver quand on n'a aucune obligation, aucun engagement et peu d'envie… c'est compliqué.

Sans vous autocensurer, faites une liste des 5-10 choses que vous aimez le plus dans la vie.

A. . . . .

B. . . . .

C. . . . .

D. . . . .

E. . . . .

F. . . . .

G. . . . .

H. . . . .

I. . . . .

J. . . . .

Maintenant, gardez les cinq thèmes que vous appréciez le plus et classez-les du plus intéressant au moins intéressant :

1. . . . .

2. . . . .

3. . . . .

4. . . . .

5. . . . .

Parmi ces cinq thèmes se trouve celui que vous choisirez et qui vous permettra de créer un business autour de votre passion. (D'où l'importance de faire ce petit exercice…)

■ L'IMPORTANCE DE LA PASSION

En 2011, j'ai lancé un blog sur les produits Apple. Je croyais être passionné par ce thème car je lisais souvent les rumeurs, j'achetais beaucoup de produits Apple et j'en parlais souvent. Mais de là à parler de passion, peut-être pas. La preuve : après deux ans de travail et un succès très modéré, j'ai abandonné. Car j'ai compris qu'il ne s'agissait pas là d'une passion, mais d'un fort intérêt. D'ailleurs, je suis ravi que ce blog n'ait pas rencontré un fort succès. Pourquoi ? Parce que je n'aurais pas forcément aimé être vu sur le Web comme le « fanboy chinois d'Apple ». J'aspire à autre chose qu'à être un fan de produits. Je veux aider d'autres personnes à trouver leur passion et à l'exprimer dans un business. Je ne veux pas écrire un livre sur les produits Apple, mais un livre qui vous accompagne dans le développement d'un business. Et si ce blog avait vraiment rencontré un grand succès, j'aurais mis cette mission de vie de côté pour me concentrer sur autre chose de moins important sur le long terme. Aujourd'hui, je suis fier de mon parcours parce que j'ai réussi à garder une ligne directrice : développer ma passion de l'entrepreneuriat en solo et inspirer d'autres personnes à vivre de leur passion.

■ COMBIEN DE TEMPS AVANT DE VIVRE DE VOTRE BLOG ?

« Un entrepreneur à succès est celui qui rencontre du succès dans le business comme dans la vie. »

Pat Flynn

Dans un rapport de ConvertKit, 14 % des blogueurs sont considérés comme étant professionnels (revenus supérieurs au salaire médian américain). Ce chiffre seul n'apporte que peu de valeur, si ce n'est qu'il est totalement possible de vivre de sa passion avec un blog. (C'est déjà pas mal !)

La question est bien trop difficile. Quiconque s'aventure à répondre à cette question serait irresponsable. Le mieux que nous puissions faire, c'est de lister les qualités et les facteurs qui accélèreront cette possibilité pour vous.

Je vous propose une liste de qualités que j'ai réalisée à partir de mon observation d'entrepreneurs à succès, de ma propre expérience et en sondant d'autres blogueurs/entrepreneurs :

- quantité de temps dédié à son travail ;
- passion pour son domaine ;
- attitude positive face à l'échec ;
- entourage encourageant et de bon conseil ;
- appétit constant pour se former ;
- rigueur dans la gestion financière ;
- investissement financier ;
- éthique du travail ;
- capacité à gérer ses priorités ;
- réseau professionnel développé ;
- bonne gestion du temps ;
- capacité à générer des revenus sur le court terme (à travers des activités annexes s'il le faut) ;
- capacité à s'encourager et à se motiver soi-même ;
- aisance dans l'utilisation des outils informatiques ;

- aisance rédactionnelle ;
- éthique ;
- aisance relationnelle ;
- compétences poussées dans son domaine ;
- utilisation du *personal branding* ;
- liste d'e-mails importante ;
- ancienneté dans le blogging ;
- bon sens ;
- capacité à créer des liens avec son audience ;
- bonne capacité organisationnelle ;
- bonne santé ;
- patience ;
- pédagogie ;
- générosité ;
- empathie ;
- capacité à se remettre en question et à faire de l'introspection ;
- bon équilibre entre vie professionnelle et vie personnelle ;
- optimisme ;
- concurrence relativement faible dans sa thématique ;
- bonnes capacités de communication.

Un facteur crucial que je n'ai pas ajouté à la liste, car c'est extrêmement difficile à mesurer : l'intelligence. Nous ne naissons pas tous comme une feuille vierge. Si Lionel Messi s'était lancé dans une carrière de surfeur plutôt que de footballeur, il n'aurait pas rencontré le succès qu'il connaît aujourd'hui.

Je n'ai pas de conseils à vous donner pour être plus intelligent, si ce n'est que le travail et l'introspection permettent de progresser. En revanche je peux vous recommander un livre qui m'a aidé à me concentrer sur mes plus grandes compétences dans mon business : *Strengths Finder 2.0* est un ouvrage permettant d'effectuer un test.

Prenez une photo de vos résultats et partagez-les sur Twitter ou Instagram avec le hashtag #LeGDB. Je suis curieux de les connaître.

NETWORKING

Enfin, nous terminerons ce chapitre par le fait de traiter ce point si important d'un business : avoir un réseau professionnel.

BÉNÉFICES DU NETWORKING

« Nous trouvons du réconfort auprès de ceux qui sont d'accord avec nous, mais évoluons auprès de ceux qui ne le sont pas. »

Franck A. Clark

Pendant longtemps, le mot « networking » avait une connotation assez négative dans ma pensée. Je pensais que c'était une manière de se comporter pour manipuler les gens afin d'en tirer un bénéfice personnel. Pourtant, quand il est pratiqué de manière éthique et sincère, ce n'est rien d'autre que le fait de faire des connaissances et de développer des « amitiés professionnelles ». Tout au long de ce livre, nous avons eu le privilège d'entendre le témoignage de nombreux entrepreneurs. Je suis certain qu'ils vous ont été utiles, n'est-ce pas ?

Tweetez une photo d'un passage « L'expert » qui vous a plu en identifiant le contributeur ou la contributrice, avec la mention hahstag #LeGDB. Ce clin d'œil aura une grande valeur pour cette personne !

Cela a été possible car j'ai pris le soin durant ces dernières années de développer une relation, parfois très superficielle, avec ces personnes. Un serrage de main à un événement, un retweet sur Twitter, un e-mail envoyé… Cela peut vous paraître insignifiant, mais c'est de cette manière que l'on démarre potentiellement une relation.

« Vous êtes la moyenne des cinq personnes avec qui vous passez le plus de temps. »

Jim Rohn

Au fil des années, les différentes collaborations que j'ai eues m'ont apporté énormément dans mon business. Ces quelques exemples très concrets issus de ma propre expérience vous donneront une idée, j'espère, de ce que vous pouvez accomplir aussi et du plaisir que cela représente :

- Frédéric Canevet a eu la sympathie d'animer avec moi une masterclass « Booster son trafic » en avril 2016. Peu de retombées financières à ce moment-là. Mais huit mois plus tard, un de ses lecteurs, participant à l'événement, devient mon client pour un contrat à quatre chiffres.

- En tweetant de temps à autre à Jean-Baptiste Viet, blogueur et auteur, j'ai un jour pu le rencontrer et l'interviewer. Pourtant, il avait refusé plusieurs fois de collaborer avec moi. Mais par ma persistance, j'ai pu lui montrer que j'étais quelqu'un de « fréquentable » (et sympa, j'espère).
- Rémy Bigot et Nicolas Pène font partie des premiers entrepreneurs Web français que j'ai suivis et rencontrés. À travers nos différentes rencontres, ils ont pu me donner des idées et des conseils qui m'ont aidé dans mon business et j'ai pu être exposé à leur audience à travers des collaborations lors de webinaires (séminaires en ligne) notamment.
- Il y a quelques années, Jérôme Hoarau m'a introduit au Salon SME, un salon pour les entrepreneurs, en tant que blogueur officiel. Par ce biais, j'ai participé à une table ronde devant des centaines de personne avec un passage sur une chaîne de la TNT à la clé.
- En participant à plusieurs éditions du Wordcamp Paris, événement autour de l'univers WordPress, j'ai pu faire la rencontre de grandes personnalités du monde « WordPress » comme Julio Potier. Il a été plus facile ainsi de l'inviter par la suite à intervenir à la Conférence Solopreneur que j'organise.
- Morgane Février, entrepreneure Web, et moi avons fait connaissance à travers les médias sociaux. En février 2017, j'ai ainsi eu l'opportunité de donner la conférence « Mieux se comprendre pour mieux entreprendre » à un événement qu'elle coorganise : le Web Entrepreneur Day.
- Il y a aussi le cas de l'ami d'enfance qui devient entrepreneur et qui informellement mon meilleur conseiller professionnel. Sans lui, j'aurais mis bien plus de temps à apprendre ce que je sais aujourd'hui.

- Enfin, il y a la genèse de ce livre. L'un des plus gros bénéfices pour moi d'avoir rejoint l'espace de coworking Co-Start est la mise en relation qui a pu être faite avec la maison d'édition Eyrolles. Si je n'avais pas fait l'effort de sortir de chez moi pour rencontrer d'autres personnes et raconter mon projet, ce livre n'aurait jamais été entre vos mains. Ou l'opportunité se serait présentée plusieurs années plus tard.

L'expert

Olivier Sarenzinski, fondateur d'OptimRezo | Twitter : @OPTIMREZO

« Savez-vous que 25 % du chiffre d'affaires d'une entreprise vient directement du réseau de son dirigeant et ce pourcentage peut s'élever à 70 % dans le cas d'un indépendant ? C'est la raison pour laquelle tout entrepreneur a intérêt à pratiquer le networking. Votre réseau existe déjà, exploitez-le : famille, amis, voisins, anciens collègues, anciens élèves... Pour aller plus loin dans cette démarche, il est recommandé de rejoindre des réseaux d'affaires organisés tels que OptimRezo. À travers les réunions organisées, vous pouvez rencontrer de nombreux professionnels qui pourront devenir vos clients, partenaires, prestataires mais aussi et surtout des personnes qui pourront recommander votre activité. »

Évidemment, il y a de nombreux scénarios où c'est plutôt moi qui donne. Je pourrais en faire une longue liste aussi, mais je ne vais pas le faire. Simplement je voudrais vous faire comprendre qu'il faut donner pour recevoir. Et si l'on ne reçoit jamais d'une personne, on recevra peut-être d'une autre. Tôt ou tard, votre générosité relationnelle vous apportera de nombreux bénéfices.

Enfin, vos relations peuvent vous permettre de vendre 100, 1 000, 10 000 fois plus de personnes quand vous vendez un produit. Pour cela, il suffit de trouver des partenaires potentiels qui voudront faire la promotion de votre produit contre une commission sur sa vente. Et si vous vendez un service, vous pouvez trouver des apporteurs d'affaires qui vous recommanderont des clients. En échange, vous pourrez leur donner 10 % du montant de votre vente.

« Seul on va plus vite, ensemble on va plus loin. »

Proverbe africain

Listez dix personnes qui pourraient éventuellement aider votre business à travers un partenariat, une prescription ou des conseils.

1 ....

2 ....

3 ....

4 ....

5 ....

6 ....

7 ....

8 ....

9 ....

10 ....

Et si jamais je peux être la 11e personne, envoyez-moi un e-mail à lingen@solopreneur.fr avec objet « #LeGDB 11e personne » //

PARTEZ À LA RENCONTRE

Découvrez une liste d'événements que j'organise et qui sont programmés en France qui vous permettront de développer votre business sur www.solopreneur.fr/evenements.

Si vous avez identifié quelqu'un de précis, n'ayez pas peur de le contacter directement. Tout simplement. Que peut-il vous arriver si la personne ne vous répond pas ? Rien !

Munissez-vous d'une carte de visite (ou pas), et voici une liste de suggestions pour trouver une rencontre pertinente pour entrepreneurs débutants (ou non) :

- une rencontre sur www.meetup.com ;
- une conférence sur www.eventbrite.com ;
- un salon pour entrepreneurs comme le Salon SME et le Salon des entrepreneurs ;
- un réseau d'entrepeneurs comme OptimRezo, Club Dynamique, BNI ;
- le moyen de networker et de progresser à l'oral en trouvant un club Toastmasters ;
- des rencontres organisées par les institutions comme les chambres de commerce.

RESSOURCES COMPLÉMENTAIRES

Conseils

- www.solopreneur.fr
- www.montersonbusiness.com
- www.casse-croute-cedric.xyz
- www.gautier-girard.com
- www.desmentorspourentreprendre.com
- www.freelanceboost.fr

- www.blog.developpermonactivite.com
- www.widoobiz.com
- www.reseauter.biz
- www.valls.be
- www.eofire.com (en anglais)
- www.smartpassiveincome.com (en anglais)
- www.gspn.tv (en anglais)
- www.marieforleo.com (en anglais)

Plates-formes pour trouver des clients (et des prestataires)

- www.hopwork.com
- www.freelancer.com
- www.fiverr.com
- www.scribeur.com
- www.petite-entreprise.net

Espace de coworking

- www.coworking-carte.fr
- www.copass.org
- www.bureauxapartager.com
- www.co-start.fr
- www.la-cordee.net
- www.mutinerie.org
- www.anticafe.eu
- www.nuagecafe.fr
- www.paris.numa.co
- www.cohome.in

Actualités

- www.maddyness.com
- www.start.lesechos.fr
- www.dynamique-mag.com

Livres

- *100 Conseils pratiques pour couler sa boîte*, Thomas Pons et Sylvain Tillon, Eyrolles, 2016
- *La Semaine de 4 heures*, Timothy Ferriss, Pearson, 2010
- *#AskGaryVee*, Gary Vaynerchuk, HarperBusiness, 2016
- *EntreLeadership*, Dave Ramsey, Howard Books, 2012
- *Crush It!*, Gary Vaynerchuk, HarperBusiness, 2009

Événements

- www.conference.solopreneur.fr
- www.web-entrepreneur-day.com
- www.salonsme.com
- www.salondesentrepreneurs.com
- www.salondesinfluenceurs.fr
- www.lesfoliweb.fr
- www.webinalps.com
- www.solopreneur.fr/meetup : Meetup Solopreneur et Blogueurs à Paris
- www.paris.wordcamp.org / www.bordeaux.wordcamp.org /

Outils de productivité et de communication

- www.workflowy.com
- www.trello.com : outil de gestion de projet collaboratif
- www.slack.com : plate-forme de communication collaborative
- www.wetransfer.com : envoi de fichiers

Outils de comptabilité et de gestion

- www.quickbooks.intuit.fr
- www.fizen.fr
- www.zefyr.net
- www.monae.fr
- www.lebusinessplan.fr

Services comptables et juridiques

- www.ecldirect.fr
- www.dougs.fr
- www.compta-clementine.fr
- www.freddelacompta.com
- www.captaincontrat.com

CHAPITRE 6

LE MARKETEUR

« Comprenez les besoins humains, et vous avez déjà fait la moitié du chemin pour les satisfaire. »

Adlai Stevenson

Le marketing est l'analyse des besoins des consommateurs, la conception d'un produit (bien ou service), et l'ensemble des actions utilisées pour provoquer un acte de consommation.

Lorsque l'on parle de marketing digital (aussi appelé « emarketing » ou « webmarketing »), on se réfère simplement à la partie du marketing qui se fait en ligne. Nous allons donc aborder ce domaine crucial sous l'angle spécifique du blogueur. J'espère que vous prendrez plaisir à le faire, car le marketing, c'est passionnant. C'est un mélange d'art, de psychologie accompagné d'une approche scientifique.

■ PERSONA

Quand j'ai démarré mon premier blog « Webmarketing décortiqué », j'avais pour objectif d'aider les débutants comme moi. Je lisais beaucoup en anglais et il y avait encore peu de contenu en français. Je ne visais pas une catégorie de personnes précises consciemment, mais j'imaginais dans ma tête un jeune de 20-30 ans, passionné par le Web. C'est tout. Quand j'ai lancé Espritvif.com, c'était plus ciblé : personnes de sexe masculin, de 20 à 40 ans, célibataires et plutôt avec des difficultés relationnelles. J'ai même autopublié un ebook (pitié ne l'achetez pas… j'ai du mal à l'assumer). Pour être pertinent et toucher réellement notre lectorat, il faut pouvoir l'identifier au mieux. On appelle ces profils types des *personas* dans le monde du marketing. Pour ce livre, j'imagine par exemple écrire à :

- Christophe.
- Célibataire et âgé de 33 ans.
- Il habite Bordeaux.
- Il est cadre dans une PME.
- Il aime son travail, mais aimerait bien tenter l'aventure entrepreneuriale.
- Il aime voyager.

Évidemment, faire ce portrait est risqué. Et si c'est Mme Dupont, 54 ans, mère au foyer et habitant en Auvergne qui lit ce livre ? Se sentira-t-elle suffisamment à l'aise ? Peut-être qu'elle aimera la spontanéité de mon écriture, peut-être que non. Mais en cherchant à plaire à tout le monde, on ne peut pas réussir dans le monde du business. Ce livre ne s'adresse pas aux entreprises par exemple, mais à des particuliers. Si j'avais voulu écrire un livre qui plaise à tout le monde, certainement que personne n'y trouverait son compte. Au fur et à mesure du chapitre, je veux vous amener à professionnaliser votre activité et à cibler de mieux en mieux votre public. Et si l'on commençait dès maintenant ?

« Je ne peux pas vous donner la recette infaillible du succès, mais je peux vous donner la recette de l'échec : essayer de plaire tout le temps à tout le monde. »

Herbert Bayard Swope

Décrivez le *persona* de votre blog

Prénom :

Âge et statut marital :

Lieu d'habitation :

Métier :

Les problèmes qu'il/elle rencontre :

Hobbies :

SEO

Le SEO, c'est le *Search Engine Optimization* ou en français, l'optimisation pour les moteurs de recherche. C'est un ensemble de techniques et de pratiques qui permet au contenu de notre site d'être le mieux classé possible sur les moteurs de recherche pour une recherche spécifique.

Si je ne le prends pas en compte, je me retrouve en quatrième page de résultats Google. Si j'applique quelques « règles basiques » de SEO, je peux me retrouver en deuxième ou première page. C'est ce que je vous souhaite car du trafic que vous recevez sur votre blog dépendra le succès de votre business.

Une règle cruciale avant de commencer : le « SEO moderne » (depuis 2014) cherche à optimiser pour l'utilisateur, pas pour les moteurs de recherche. Ceci étant dit, nous pouvons démarrer !

■ L'ALGORITHME DE GOOGLE

Que font les gens quand ils se posent des questions ? Ils font une recherche sur les moteurs de recherche. Que trouvent-ils en première position de la première page de résultats ? Votre article ! Voici notre objectif.

Si vous faites une recherche pour « langages de l'amour » vous tomberez sur mon blog Espritvif.com en première position (hors publicité) et cela me permet d'avoir 5 000 visiteurs chaque mois sur cette page. Cela peut prendre du temps et nécessitera aussi beaucoup de travail de votre part. L'idée, c'est de publier régulièrement des articles et de cumuler ainsi les opportunités de pouvoir être trouvé sur Google. Dans la rédaction de votre contenu, mettez-vous à la place de l'utilisateur et demandez-vous ce qu'il aimerait lire (le fond) et comment il aimerait lire (la forme). Mieux encore, demandez-vous si votre neveu de 12 ans comprend l'article que vous publiez.

Imaginons que j'explique à mon neveu Daiyon :

« Pour trouver une information sur Internet, une personne peut aller sur www.google.com et taper des mots pour expliquer ce qu'elle recherche. Mais comment Google va-t-il choisir les bonnes réponses à sa question ? Il fait un calcul, avec un « très gros ordinateur » qui va nous montrer une page de dix résultats. Cette manière de faire ce calcul, que les adultes appellent « algorithme », est un secret de Google. En tant que travailleurs du Web, nous ne savons pas exactement comment il fait ce calcul, mais on a tout de même des indices. Le travail de tonton sera de deviner un peu comment ce calcul est fait. Dans le passé, on cherchait à utiliser des techniques, parfois bizarres, sur notre site pour plaire à Google. Mais aujourd'hui, comme cet ordinateur est devenu plus intelligent, il réfléchit comme un être humain ; on n'a plus besoin de deviner ce qui plaît à Google. Il nous suffit d'écrire directement un bon texte qui plaît à l'internaute. Qu'est-ce qui plaît à l'internaute ? Voyons-le maintenant. »

Si vous souhaitez aller plus loin, il y a de bons articles à ce sujet que vous trouverez facilement en... faisant une recherche Google.

UN BON ARTICLE

Tout commence par la qualité d'un article qui doit être clair, avec le moins de fautes possible, avec une image pas trop grande (ni trop petite). Mettez-vous à la place d'un débutant qui vient sur votre site pour la première fois. Votre article ne doit pas parler de choses trop différentes l'une de l'autre ou bien le lecteur s'y perdra (et Google aussi par la même occasion). S'il le faut, faites une série d'articles.

L'article doit aussi apporter une solution pertinente et franche. Si vos visiteurs sont insatisfaits de votre article, ils s'en iront très rapidement.

Pour compléter le tout, retrouvez un tutoriel pour l'utilisation de l'extension WordPress Yoast. En annexe, vous trouverez une check-list de ce qu'il faut prendre en compte en termes de SEO.

MOTS-CLÉS

Un article doit traiter d'un thème principal et si possible le plus précis possible. Si vous écrivez un article sur la thématique du « mariage », c'est tellement généraliste que vous ferez concurrence à des centaines de sérieux concurrents qui ont optimisé leur page pour ce mot-clé. Il va falloir être plus précis en écrivant un article sur « organisation mariage ». Faites la recherche sur Google et vous vous rendrez compte que vous vous confrontez à de gros sites comme www.mariage.com, www.aufeminin.com, www.zankyou.fr. Autant vous dire que la bataille est perdue d'avance pour les mots-clés « mariage » et « organisation mariage ». Mais si vous optimisez votre article pour « organisation mariage Alsace », là vous avez beaucoup moins de concurrence et cet article sera aussi plus pertinent… pour les Alsaciens. Pour votre curiosité, sachez que ces mots-clés sont appelés des « mots-clés de la longue traîne ». Si vous avez un blog sur le thème du mariage et que vous multipliez ce type d'articles avec « organisation mariage Bordeaux », « organisation mariage Marseille », vous atteindrez de meilleurs résultats que si vous aviez fait uniquement un seul article sur l'organisation d'un mariage.

Pour trouver des mots-clés, vous pouvez utiliser des outils comme http://insight.yooda.com. Mais le meilleur moyen reste le contact avec ses lecteurs. Plus vous connaissez votre public, plus vous échangerez avec eux, plus vous comprendrez ce qu'ils veulent et les mots qu'ils utilisent pour exprimer leur problème.

Faites une liste de trois à cinq mots-clés qui décrivent le mieux votre blog

....

....

....

....

....

LIENS ENTRANTS (*BACKLINKS*)

Plus vous avez de sites Web qui font des références à vos pages sous la forme d'un lien sur votre site, plus Google le considère comme un signal d'une page Web. Si en plus ces liens proviennent de sites d'autorité comme www.lemonde.fr ou www.wikipedia.org par exemple, mieux ce sera encore. À noter que d'une manière ou d'une autre, les liens provenant des médias sociaux comptent aussi.

L'objectif est donc d'aller à la pêche aux liens entrants, c'est ce que l'on appelle le « backlinking ». Pour ce faire, voici quelques astuces rapides.

- Faire des liens entre ses propres articles (appelé aussi du maillage interne).
- S'inscrire avec modération sur des annuaires.
- Partager son lien sur tous les médias sociaux.
- Laisser un commentaire sur un blog avec un lien vers un article en particulier.
- Ajouter des liens sur des articles de ces plates-formes (même si l'on ne les utilise pas) : www.pinterest.com, www.medium.com, www.tumblr.com, www.over-blog.com, www.blogger.com.

Mais si vous voulez obtenir des liens entrants qui ont véritablement de la valeur, créez des relations avec des influenceurs et proposez un article-invité ou provoquez les collaborations. Tôt ou tard, si vous êtes compétent et authentique, ils vous citeront sur un article. Une tactique risquée, chronophage, mais c'est le seul moyen d'obtenir des liens gratuitement.

CONSEILS

- Utilisez un mot-clé pour le texte d'ancre (*anchor text*, en anglais) qui correspond au texte apparent et souligné d'un lien URL.
- Soyez modéré. Si vous vous posez la question sur la pertinence de tel ou tel comportement de backlinking, c'est mauvais signe.
- Ne dupliquez pas un même contenu sur le Web.
- Concentrez vos efforts sur la qualité du contenu créé.

Mettez en pratique tout ce qui a été vu jusque-là et vous avez fait 80 % du travail. Ne vous préoccupez pas des 20 % restants, vous avez d'autres préoccupations.

L'expert

Daniel Roch, auteur du livre *Optimiser son référencement WordPress* et fondateur de www.seomix.fr | Twitter : @rochdaniel

« Le blog peut être un outil idéal si l'on veut se lancer dans une activité. Le problème, c'est que le fait d'en créer un ne suffit pas. Il faut essayer de voir votre site ou votre blog comme un outil. Même si celui-ci est le meilleur au monde, il ne vous servira à rien s'il n'est pas visible par vos clients potentiels. C'est un peu comme si vous aviez la meilleure boulangerie du monde mais que celle-ci se trouvait en pleine campagne dans la Creuse. L'idée, c'est donc de créer un blog de qualité avec des contenus intéressants publiés fréquemment et qui répondent aux besoins de vos clients, mais surtout de maîtriser les bases du référencement naturel (SEO). Il faut en effet comprendre qu'un site qui se référence bien dans Google maîtrise trois grands aspects :

- une structure bien pensée et un code source propre ;
- des contenus longs, pertinents et qui sont optimisés sémantiquement ;
- des liens vers votre site pour lui donner de la popularité.

Pour apprendre cela, rien de tel que de lire des ouvrages spécialisés (comme *Réussir son référencement Web* d'Olivier Andrieu) ou des blogs spécialisés (SeoMix, WebRankInfo, Abondance, etc.). »

MARKETING DE CONTENU

OBJECTIFS DU MARKETING DE CONTENU

Le marketing de contenu (ou *content marketing* en anglais) signifie la création et le partage de contenu gratuit pour attirer et convertir des internautes en prospects, puis en clients. Ce type de marketing se différencie de la publicité, car il apporte une véritable valeur informative ou divertissante. Cela peut prendre la forme d'articles de blogs, d'ebooks, de vidéos, de podcasts, de formations, d'e-mails… gratuits ou peu chers.

Voici les quatre objectifs, plus ou moins interconnectés et interdépendants, que doit viser le marketing de contenu :

- Améliorer la visibilité de son blog et de sa marque en touchant un maximum de personnes sur le Web.
- Devenir une autorité et gagner en crédibilité dans son domaine en montrant son expertise.
- Générer des prospects (ou *leads* en anglais), c'est-à-dire garder contact avec de potentiels clients à travers le marketing par e-mail notamment (voir ci-dessous).
- Encourager une vente en faisant la promotion d'un produit.

AVANTAGES DU MARKETING DE CONTENU

Investir dans le marketing de contenu comporte de nombreux bénéfices :

- bon marché : la création de contenu exige simplement du temps et aucun investissement financier ;
- durabilité : un article ou une vidéo de qualité restent présents sur le Web durant de nombreuses années ;
- relationnel : le blogueur a la possibilité de provoquer une discussion personnelle avec ses prospects suite à un article ;
- naturel : pour un blogueur, créer du contenu est un plaisir et se fait plus simplement ;

- accessible : aujourd'hui, avec un smartphone, on peut publier du contenu en quelques secondes ;
- récupération des e-mails : il est plus facile de demander les e-mails de ses lecteurs quand on vient de les aider et qu'ils ont vu nos compétences que de le faire autrement.

APPEL À L'ACTION

Ce dernier point est essentiel. Le travail n'est pas terminé si l'internaute, après sa lecture, s'en va et nous oublie. L'objectif est de toujours proposer un appel à l'action (CTA pour *call to action*, en anglais) qui peut prendre les formes suivantes :

- inscription à une newsletter (voir section suivante) ;
- achat d'un produit ;
- lecture d'un autre article ;
- commentaire de l'article ;
- partage de l'article sur les médias sociaux ;
- inscription pour recevoir un cadeau gratuit.

En délivrant un contenu de qualité, vous provoquez chez l'internaute le sentiment de vous être redevable.

PROGRESSEZ PAR LA PRATIQUE

La qualité de votre blog viendra avec la pratique et le temps. Personne ne débarque avec un superbe blog dès le premier jour. Passer plus de cinq heures sur son premier article est une erreur. Les quelques lecteurs qui consulteront votre blog au début vous pardonneront si votre image n'est pas la plus belle et que vous avez fait quelques fautes d'orthographe. Vous ne vous sentez pas suffisamment expert dans la thématique de votre blog, faites comme moi : le peu que vous maîtrisez, partagez-le. Le meilleur moyen d'apprendre est d'enseigner. Utilisez votre expertise et votre expérience pour apporter un contenu original, authentique et empreint de passion. Et pour cela, il est primordial que vous bloguiez sur un thème qui vous intéresse réellement et sous un format qui vous mette à l'aise. Encore une fois, il n'est pas trop tard pour changer de thématique sur votre blog, ou même de créer un nouveau blog.

Et soyez patient avec vous-même, moi-même en tant qu'auteur de ce livre, je n'applique pas 100 % de ce que je sais. Nous avons tous une contrainte de temps, d'énergie et d'argent qui peut nous empêcher de réaliser à un instant *T* tout ce que nous voulons. Mais petit à petit, nous réalisons de grandes choses.

LONG TERME

Apportez un maximum de valeurs à un maximum de personnes et vous générerez du trafic sur votre site, et donc des opportunités d'avoir des clients. Pour ma part, on me contacte régulièrement pour me proposer des partenariats et des missions avec des entreprises ou des individus. Plus je publie de contenus, plus j'ai d'opportunités. En novembre dernier, j'ai même décroché un contrat suite à un tweet. Le client me contacte par message privé et l'on se donne rendez-vous quelques jours plus tard, et c'est un contrat à 3 000 euros par mois. Ce client est allé découvrir mon activité à travers le lien que j'avais laissé dans mon descriptif et a étudié mon blog et mes diverses activités avant d'en conclure que j'avais les compétences pour l'aider. Le contrat était décroché d'avance. Mais si cela peut vous paraître simple, sachez qu'à ce moment-là, j'avais publié des centaines d'articles sur mon blog, 200 vidéos sur ma chaîne YouTube, 15 000 tweets sur Twitter… Plus vous plantez des graines aujourd'hui, plus vous récolterez demain. Et si, comme moi, vous aimez jardiner, vous y arriverez !

■ MARKETING PAR E-MAIL

Le meilleur moyen de gagner du trafic de manière pérenne est de collecter les e-mails de vos lecteurs. Ainsi, vous pourrez garder contact avec vos lecteurs et les tenir au courant de votre actualité et des produits que vous vendez facilement. De mon côté, j'envoie un e-mail à mes 2 500 abonnés pour leur dire d'écouter mon dernier épisode de podcast, de regarder ma nouvelle vidéo, de participer à un événement ou d'acheter une formation.

POURQUOI INDISPENSABLE ?

Lorsque vous publiez quelque chose sur les médias sociaux, il est difficile d'être visible auprès de vos abonnés. En effet, seule une minorité verra vos publications pour diverses raisons. Si l'on prend l'exemple de Facebook, une étude montre que le taux d'audience a été environ de 10 % en 2016. C'est-à-dire que si l'on a 1 000 abonnés, en moyenne 100 personnes seulement apercevront votre chère publication. Tout miser sur les médias sociaux est risqué sur le long terme.

Cependant, quand vous envoyez un e-mail, le taux d'ouverture tourne autour de 21 %. C'est-à-dire que sur 100 personnes, vous aurez 21 personnes qui ouvriront votre e-mail. Au-delà de ces chiffres, sachez que votre audience appréciera grandement la possibilité de pouvoir vous écrire en privé à n'importe quel moment si elle a votre e-mail.

OUTILS D'ENVOI D'E-MAIL

Tout d'abord, il vous faudra une machine pour envoyer des e-mails, mais aussi pour rassembler les e-mails que vous collecterez. Il est hors de question de gérer tout cela *a la mano* avec votre Gmail par exemple. Il vous faut un outil professionnel.

Quelques suggestions :

- Mailchimp.com
- Getresponse.com
- AWeber.com
- Mailpoet.com
- Convertkit.com

Une fois que vous aurez souscrit à l'un de ces services, vous aurez la possibilité d'envoyer des e-mails groupés à vos abonnés. Chaque outil vous guide pas à pas pour cela. Si vous n'êtes vraiment pas à l'aise avec l'anglais, choisissez un outil traduit en français.

La particularité de ces outils, c'est leur fonction d'autorépondeur.

Ce dernier sert à diffuser une série d'e-mails programmés à toutes les personnes qui s'inscrivent à votre liste de diffusion d'e-mail, selon une fréquence prédéfinie.

Imaginons le blog de notre *persona* Christophe sur le thème du tourisme en Alsace. Voici la séquence d'e-mail qu'il a programmée :

- Dès l'inscription d'un internaute, il recevra un e-mail de bienvenue avec un ebook offert (sous format PDF) sur les meilleurs endroits pour randonner.

- Jour 2 après son inscription : un e-mail qui a pour objet « dix villages d'Alsace à découvrir ». Dans cet e-mail, il renvoie vers le premier article qu'il a publié sur son blog.
- Jour 5 : un e-mail lui présentant trois livres de référence qu'il faut se procurer. Il mettra des liens affiliés (qu'il devra indiquer) de ces livres vers Amazon dans le corps de l'e-mail.

En complément de ces e-mails, il pourra à sa guise envoyer des e-mails ponctuels pour partager son dernier article, par exemple. Cela n'affectera pas la réception de la séquence d'autorépondeur.

RÉCUPÉRER LES E-MAILS

Reste à savoir maintenant comment on peut obtenir les e-mails si précieux de nos abonnés. Plusieurs solutions existent, aucune n'est idéale, donc apprêtez-vous à souffrir quelque peu.

Méthode 1

En fonction de l'autorépondeur que vous aurez choisi, il y aura toujours une fonctionnalité vous permettant de collecter les e-mails. Il vous faudra parfois trouver des tutoriels en anglais. L'avantage, c'est que la fonctionnalité est comprise dans votre outil, mais l'inconvénient, c'est la relative complexité de leur utilisation. Vous pourrez ainsi ajouter des formulaires d'inscription sur la barre latérale de votre blog ou partout ailleurs dans votre contenu.

Méthode 2

Vous pouvez également utiliser une extension WordPress (payante) comme Optin Monster, Optinskin, Popup domination, Sumo.me qu'il faudra connecter à son autorépondeur. Ainsi, vous pourrez faire apparaître des pop-up, ces fameuses fenêtres qui s'ouvrent dans un navigateur Web lorsque l'on consulte une page Web.

Méthode 3

En ajoutant une barre de formulaire qui se bloque en haut de votre page, vous attirez l'attention de votre public sans être trop dérangeant. Hellobar, Markeet et Smart Bar (de Sumo.me) sont les références en la matière.

Méthode 4

Vous pouvez également diriger vos fans vers une page de capture (que l'on appelle aussi une « page d'atterrissage », de l'anglais *landing page* ou encore *squeeze page*). Cette page présentera une offre alléchante qui est censée donner envie à l'internaute. On pourra par ailleurs utiliser cette page comme destination de publicités Facebook, par exemple. Sans aller aussi loin, vous pouvez commencer sobrement avec un formulaire en bas de votre page « À propos » comme je l'ai fait ici :

www.solopreneur.fr/ling-en-hsia avec Leadpages[1].

BONNES PRATIQUES

Voici quelques conseils qui vous aideront grandement à développer l'efficacité de vos e-mails.

- Parlez avec un ton naturel. En tant que blogueur, on s'attend à ce que vous écriviez de manière détendue.
- L'objet de votre e-mail doit être intriguant en utilisant des mots impactants dès le début.
- Vérifiez que tout est bon en relisant à haute voix, en testant les liens URL.

1. Tutoriel pour créer des pages d'atterrissage avec Leadpages [www.legdb.fr/6-lp]

- Si vous ajoutez une image, faites en sorte qu'elle ne dépasse pas une dimension de 600 pixels de large.
- Ayez toujours un appel à l'action dans votre e-mail pour inciter à lire un article récent, par exemple.
- Le contenu de votre e-mail doit déjà apporter une valeur à travers des conseils, une anecdote intéressante ou une information. Plus vous donnez l'impression qu'il s'agit là d'un contenu exclusif, plus vous habituerez vos abonnés à l'ouvrir.
- Soyez constant dans la fréquence d'envoi.

L'expert

Antoine Peytavin, entrepreneur Web, fondateur du blog www.jerecuperemonex.com | Twitter : @AntoinePeytavin

Une entreprise qui vend des alarmes comme des petits pains / un ebook qui cartonne / un entrepreneur qui devient riche en quelques mois sur Internet.
« D'après toi, quel est le point commun entre ces trois mondes qui n'ont *a priori* rien à voir ?
– En fait... qu'est-ce qui rend 99 % des gens riches sur Internet ?
Eh bien ce sont trois piliers :
- une bonne accroche ;
- une bonne montée en valeur ;
- un bon produit. »

■ PROMOUVOIR UN PRODUIT

« Le processus de vente commence quand le prospect dit non. »

Dicton de vendeur

Nous avons vu dans le chapitre 6 les différents produits que vous pouvez vendre. Reste à savoir comment les vendre. Jeff Walker, un des plus grands marketeurs au monde, a conceptualisé un processus de vente que l'on appelle couramment en français un « lancement orchestré ».

Vous pourrez vendre votre premier produit lorsque vous aurez suffisamment de trafic et d'abonnés par e-mail, soit au moins 500 e-mails. Pourquoi ? Car très peu de personnes parmi votre audience acquerreront un produit payant. L'entonnoir suivant vous donne une idée de ce à quoi il faut s'attendre.

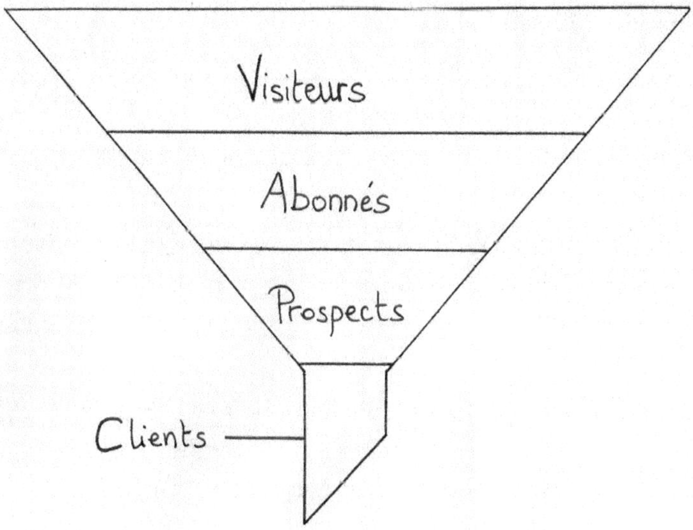

Voici le processus que je vous propose et c'est à vous de piocher parmi le tout pour l'appliquer au mieux en fonction de votre business, de vos moyens et de votre audience.

- Créez un produit digital gratuit (formation vidéo, ebook) apportant une réelle valeur à un problème spécifique.
- Créez une page de capture pour permettre aux internautes d'accéder à votre produit à condition qu'ils donnent leur e-mail.

- Contactez des influenceurs pour qu'ils deviennent partenaires du lancement du produit et qu'ils puissent toucher une commission sur les ventes (20 à 50 %) qu'ils généreront.
- Préparez une séquence d'autorépondeur de trois e-mails délivrant en plusieurs parties le cadeau que vous avez préparé. L'objectif est de garder ses abonnés en haleine pour créer une envie sur le produit.
- Organisez un webinaire (séminaire en ligne) et proposez le produit payant à un tarif exclusif et/ou avec des bonus offerts, et enregistrez ce webinaire.
- Envoyez un e-mail avec la rediffusion de ce webinaire et proposez toujours une promotion.
- Renvoyez un e-mail à tous ceux qui n'ont pas ouvert l'e-mail précédent.

La promotion d'un produit peut être complexe dans son exécution. Mon conseil est de vous focaliser sur un produit et une promotion simple. Le travail est long, mais vous progresserez rapidement je vous le garantis.

Si vraiment la vente d'un produit ne vous met pas suffisamment à l'aise, voici mon conseil : commencez à « vendre » un produit gratuit. Ce sera un précieux entraînement pour la prochaine fois.

RESSOURCES COMPLÉMENTAIRES

Ressources

- https://blog.hubspot.fr/ : marketing
- www.internetbusinessmastery.com (en anglais)
- www.amyporterfield.com : médias sociaux

- www.seomix.com : SEO
- www.webrankinfo.com : SEO
- www.laurentbourrelly.com : SEO

Outils

- www.pipedrive.com : outil de vente
- www.neocamino.com : outil de communication
- www.markeet.io : outil de pop-up

Livres

- *Tribus*, Seth Godin, Diateino, 2009
- *Réussir son référencement Web*, Olivier Andrieu, Eyrolles, 2014
- *The Thank You Economy*, Gary Vaynerchuk, HarperBusiness, 2011
- *Optimiser son référencement WordPress*, Daniel Roch, Eyrolles, 2013

Sites

- www.seomix.fr
- www.blog.axe-net.fr
- www.seomoz.org/blog

CHAPITRE 7
L'HUMAIN

« Love your family, work super hard, live your passion. »

Gary Vaynerchuk

Au-delà de tous vos rôles, vous êtes un humain. Je ne vous apprends rien, mais parfois nous avons tendance à le mettre de côté tellement nous sommes à fond dans notre travail. Durant les derniers jours d'écriture de ce livre, j'ai dû ralentir le rythme de ma vie amoureuse, sociale, physique…. S'il est important de gagner en efficacité dans votre business, il sera essentiel de prendre soin de… vous-même !

C'EST PARTI ?

Lorsqu'en septembre 2014, je suis devenu salarié pour quinze mois, quelque chose m'a dérangé. Je me rendais compte au fil des mois que je ne progressais plus. Je n'apprenais plus rien de nouveau et je stagnais intellectuellement. C'était un contraste énorme avec ma vie d'indépendant.

Je m'épanouis non seulement par l'apprentissage, mais aussi par le partage de mes connaissances. Être salarié et me contenter de quelques tâches imposées par un manager était difficile pour moi.

Pourtant, mon environnement de travail au service de la com' était superbe, mais cela restait du salariat. Je suis devenu entrepreneur malgré moi, et je suis le plus heureux des hommes grâce à cela. Je peux développer mes compétences. Je ne me décris plus comme étant un paresseux car ce que je fais est tellement passionnant que j'y dédie du temps et de l'énergie.

« Choisissez un travail que vous aimez et vous n'aurez pas à travailler un seul jour de votre vie. »

Confucius

Je vous le souhaite à vous aussi. Et peut-être que le salariat vous convient et vous permet d'effectuer un travail qui pourrait difficilement se faire à son compte (chirurgien, pompier, juge…). Et c'est tant mieux ! Mais en même temps, je ne peux m'empêcher de penser que si vous avez lu le livre jusqu'à ce point, c'est qu'il y a une étincelle en vous. Cette envie, vous avez la responsabilité de la cultiver. Il y a à l'autre bout du monde des peuples qui n'ont ni eau courante, ni électricité. Vous qui avez tout, n'allez-vous même pas tenter quelque chose ? Allez-vous regretter toute votre vie de n'avoir jamais commencé ? Créer un blog peut être chronophage, mais pensez à toutes ces fois dans votre vie où vous vous direz : « Ah j'aimerais tellement me lancer pour voir. » Je ne me permettrai pas de dire à quiconque formellement de quitter son job pour lancer un business. C'est trop de responsabilité et de risque. Néanmoins, avec un blog qui vous coûtera 50 euros par an, vous n'avez aucune peur à avoir et il suffit de continuer dans votre activité.

Sur Twitter, envoyez un tweet avec le hashtag #LeGDB et je serai ravi de vous retweeter pour vous faire gagner du trafic !

« Le meilleur moment pour planter un arbre était il y a vingt ans. Le deuxième meilleur temps est maintenant. »

Proverbe chinois.

AVOIR CONFIANCE EN SOI

La confiance en soi est indispensable pour réussir dans l'entrepreneuriat. Comment faire face à un échec et se relever si l'on pense être nul ? Si vous pensez manquer de confiance, j'ai une bonne nouvelle pour vous. Elle s'acquiert. La réalité, c'est qu'il faudrait certainement vous faire accompagner pour remonter à votre enfance et en connaître l'origine pour mieux l'appréhender. N'étant pas psychologue, je vous propose une solution plus pragmatique.

Plus vous pratiquez, plus vous progressez n'est-ce pas ? Plus vous écrivez d'articles, moins ils sont nuls. Plus vous tweetez, plus vous gagnerez d'abonnés. Seulement, nous espérons toujours plus et nous pensons que nous méritons mieux (et c'est parfois vrai). Mais si vous prenez un peu de recul et que vous comparez vos récentes productions avec les premières, vous vous encouragerez vous-même. Quand je compare ce que je suis en train d'écrire actuellement avec la toute première version autoéditée de ce livre, je me réjouis du chemin parcouru.

SE MOTIVER

« Nous sommes ce que nous faisons de façon répétée. Par conséquent, l'excellence n'est pas une action, mais une habitude. »

Will Durant

À travers tout le livre, je vous ai parlé de suivre sa passion. Et j'insiste une nouvelle fois sur ce point. Trop souvent, on néglige ce que l'on aime. À titre d'exemple, aujourd'hui, un joueur de jeux vidéo peut gagner des centaines de milliers d'euros en participant à des compétitions de esport. Suivre sa passion est la pierre angulaire de la motivation. Se fixer un objectif et le garder en tête est aussi indispensable. Pourquoi faire ce que l'on fait ? Pour plus de liberté ? Pour avoir un impact dans le monde ? Pour offrir une meilleure qualité de vie à sa famille ? Plus vous gardez ces objectifs en tête, plus votre motivation sera grande. Enfin, il est important de trouver des sources de motivation au quotidien. Il y a aussi des motivations extrinsèques. Toutes les fois où j'ai rencontré des difficultés financières dans mon business, j'étais déterminé à sortir un nouveau produit et à me pousser dans mes derniers retranchements pour trouver des moyens de vendre… et je m'en sortais au moins partiellement.

L'expert

Jordane Zangueneh, coach en reconversion professionnelle, blogueur sur www.osezbriller.com

« Aujourd'hui, réussir sa vie ne signifie plus une carrière accomplie, mais plutôt de multiplier les opportunités. Faire carrière dans une entreprise ne fait rêver que les générations précédentes. Les carottes qui légitimaient le système professionnel traditionnel sont périmées. L'idée que l'on se fait de la réussite ne réside plus dans l'avoir mais dans l'être.

À quoi bon rêver d'entrepreneuriat, de changement de métier ou de vie en regardant des vidéos de motivation, en étant abonné à des *success magazines* ou en lisant des ebooks d'entrepreneurs si vous en revenez bien gentiment à votre routine professionnelle, votre machine à café et votre PC de bureau ?
La peur d'échouer ? La peur de se tromper ? L'excuse que ça n'est pas le bon moment ? Mais ça ne sera jamais le bon moment !
La vie est trop courte pour s'ennuyer dans un boulot que l'on n'aime pas. Combien de temps encore voulez-vous sacrifier votre épanouissement professionnel au détriment de votre besoin de sécurité ? Apprenez à prendre des risques, apprenez à vous connaître, apprenez à identifier vos voies professionnelles et faites un pas devant l'autre. Car si c'est important pour vous, vous trouverez un moyen ; si cela ne l'est pas, vous trouverez une excuse. »

S'ORGANISER

La détermination ne suffit (malheureusement) pas pour réussir. Il est essentiel d'organiser son travail comme si un manager nous encadrait. De la même façon qu'en tant que salarié, on ne vous laissera pas flâner sur YouTube ou acheter votre bouteille de lait au supermarché à 10 h 30 du matin, de même vous devez vous gérez vous-même. La liberté qu'offre l'entrepreneuriat s'acquiert au prix d'une discipline. Il vaut mieux travailler 20 heures à fond sur votre business que 40 heures sans être concentré. Là encore, c'est un processus long, parfois douloureux, mais tellement satisfaisant. Quand je compare le Ling-en de 31 ans avec celui de 25 ans, je me réjouis tellement du chemin parcouru ! Oui je le dis sans fausse modestie : « Je suis fier de moi. » La vérité, c'est que plus vous travaillerez, plus vous chercherez à mieux vous organiser, meilleur vous serez. Un conseil très pratique pour vous accompagner dans votre parcours : faites une chose à la fois. Si vous retenez cette règle et que vous l'appliquez au maximum, tous les problèmes de votre vie disparaîtront. OK… j'exagère, mais à peine.

L'experte

Morgane Février, coach en business cofondatrice du Web Entrepreneur Day, podcasteuse sur Podcast-entrepreneur.com | Twitter : @morganefevrier

« Concilier vie de famille et entrepreneuriat peut sembler difficile, peut-être que d'ailleurs bon nombre d'entre vous se disent que c'est trop risqué. Sachez que l'entrepreneur ne prend que des risques mesurés et mesurables. Après dix ans de salariat en tant que cadre et presque cinq ans d'entrepreneuriat, je peux vous dire que la vie de famille est finalement plus simple pour moi depuis que je suis entrepreneure. J'ai pourtant monté trois sociétés et mon planning est certainement plus chargé qu'avant. Ce qui change, c'est justement l'organisation de mon temps qui est plus adaptée et qui me permet de voir plus mes enfants, tout simplement parce que je suis maître de ce que je fais de mes journées. C'est certainement pour cela que j'ai construit ma propre méthode d'organisation du temps et que j'arrive à concilier de plus en plus et de mieux en mieux ma vie de famille et mon travail. Vos enfants ne doivent pas être considérés comme un frein pour votre envie d'entreprendre mais comme un moteur. Leur plus beau cadeau est de vous voir heureux ou heureuse. »

PLUS PRODUCTIF

« Le travail s'étale de façon à occuper le temps disponible pour son achèvement[1]. »

Cyril Northcote Parkinson

1. On appelle aussi cela la « loi de Parkinson ».

Pour utiliser au mieux votre temps, voici une série de techniques qui peut véritablement vous aider. Tout d'abord, fixez-vous des objectifs chiffrés et mesurables lorsque vous travaillez. Sur quelles tâches allez-vous travailler et à quelle heure de la journée ? Notez-les dans un agenda. Combien de temps allez-vous passer sur chaque tâche ? Par exemple, pour la rédaction d'un article :

- préparation d'un plan et recherches (30 minutes) ;
- écriture de l'article sans relecture (45 minutes) ;
- relecture et édition du texte (20 minutes) ;
- recherche d'une photo pour illustrer (15 minutes) ;
- préparation à la publication (10 minutes) ;
- partage de l'article sur Facebook, Twitter, Google+ et LinkedIn (10 minutes).

Nous arrivons à un total de 2 h 10. Ce n'est pas tellement le respect du temps qui est important, c'est la compréhension de son activité durant une tâche qui importe. Moi, j'ai remarqué un jour que je prenais à chaque fois beaucoup de temps pour trouver une image. J'avais l'impression que cela me prenait 3 minutes, mais j'en prenais 15. À partir de ce constat, j'ai décidé d'investir dans un forfait payant que l'on peut trouver chez www.fotolia.com ou www.shutterstock.com. En ce qui vous concerne, vous réaliserez peut-être que vous êtes très pointilleux et que votre temps de recherche prend la moitié de votre temps. À partir de cette analyse, vous comprendrez la prochaine fois que c'est disproportionné et vous adapterez votre répartition de temps de travail.

Prenez aussi le temps de faire des pauses. C'est parce que vous ne le faites pas assez souvent que votre concentration se perd. En effet, comme vous n'accordez pas de repos à votre cerveau à un instant précis, il va vous l'imposer durant vos temps de travail. Pour vous aider, je vous recommande la technique dite Pomodoro[1]. (Écrivant ces lignes à 1 h 30 du matin, vous imaginez bien le besoin d'être strict aussi bien dans mon temps de travail que mon temps de repos.) Les techniques de productivité, vous en trouverez absolument toujours et partout. Mais retenez une chose importante : faites votre propre introspection constamment pour comprendre comment vous pouvez progresser. C'est là le plus important.

Et quand le jour viendra ou vous ne comprendrez pas pourquoi vous n'arrivez pas à atteindre des objectifs, demandez-vous quelle(s) composante(s) de votre efficacité vous manque parmi celles-là :

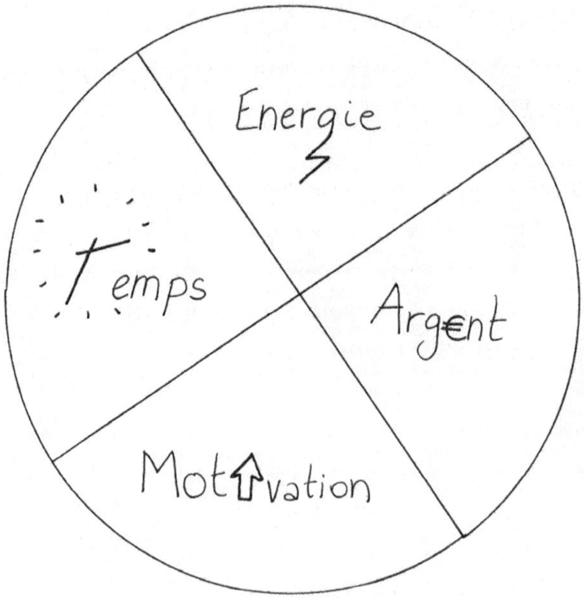

1. Selon Wikipédia, « La **technique Pomodoro** est une technique de planification développée par Francesco Cirillo à la fin des années 1980. Cette méthode se base sur l'usage d'un minuteur permettant de respecter des périodes de 25 minutes appelées *pomodori* (qui signifie en italien "tomates"). Ces différentes périodes de travail sont séparées par de courtes pauses ».

■ SE COMPRENDRE

Étudiant, je n'arrivais pas à travailler depuis mon domicile. J'allais toujours à la bibliothèque, car j'avais besoin d'un environnement studieux et d'être loin de mon lit et de mon réfrigérateur. (Et à l'époque, je n'étais pas encore équipé d'Internet donc j'avais encore moins de distractions.) J'ai donc mis quelques années à peine avant de comprendre que j'avais besoin de travailler dans un espace de coworking.

L'expert

Sarah Akel, cofondatrice de Co-Start et blogueuse sur www.changethework.com | Twitter : @sarahakel

« Quand on lance son entreprise, intégrer une communauté est plus que nécessaire pour éviter certaines erreurs et grandir plus vite. Au sein d'un espace de coworking, vous rencontrez des entrepreneurs auprès de qui vous pouvez apprendre et bénéficier de leur expérience. D'un point de vue financier, cela vous permettra aussi d'accéder à un espace de travail plus abordable qu'une location de bureau. Chez Co-Start (où se trouve Ling-en actuellement), on a voulu pousser ce concept encore plus loin, en proposant une place à un prix très abordable en échange de temps donné aux autres. Une fois par semaine, un coworker donne une formation pour les autres ; tous les jeudis nous faisons notre marathon phoning où l'on a la possibilité d'avoir les autres membres qui prospectent au téléphone pour son entreprise et enfin nos fameux co-lunch hebdomadaires où nous faisons connaissance en toute convivialité. »

Un de mes plus gros défauts : l'oubli. Je suis tête en l'air et j'oublie des rendez-vous par exemple. Bien que ces oublis soient trop fréquents, ils ne sont qu'une part de ma désorganisation (je pense être atteint du TDA). Quand j'enquête sur moi-même pour mieux me comprendre, je progresse. Si j'étais dans le déni ou que je n'avais pas suffisamment développé une conscience de moi-même, alors je n'aurais jamais progressé. Mais depuis que j'ai découvert cela, voici quelques nouvelles habitudes que j'essaie de prendre :

- Ne pas ouvrir plus de dix onglets sur mon navigateur.
- Remettre les clés au même endroit pour ne pas perdre du temps à les chercher.
- Noter sur mon agenda électronique tous les rendez-vous, même ceux qui restent à confirmer.
- Me mettre des rappels pour ne pas oublier les « petites tâches ».

J'ai aussi compris que j'étais plus efficace le matin et qu'une sieste de 15 minutes parfois pouvait me rebooster pour le reste de la journée. J'essaie de prendre soin de mon sommeil, car je sais que si je tire sur la corde, je fatigue et mon système immunitaire s'affaiblit. Et si les quelques heures de travail que j'ai gagnées en dormant moins provoquent un rhume et une fatigue intense, alors je suis perdant. Comme moi, essayez d'être humble et de repérer vos faiblesses pour mieux les corriger et être meilleur.

PRENDRE SOIN DE SOI

Une équation aussi simple à retenir que cruciale : ce qui est bon pour vous l'est aussi pour votre business. Si vous faites plus de sport et que vous êtes en meilleure santé, votre travail est plus efficace et vous avez plus confiance en vous. Si vos relations avec vos proches sont bonnes, vous vous sentez encouragé et serein lorsque vous travaillez. Si vous travaillez chez vous, vous comprendrez que plus votre maison est désordonnée, moins vous serez à l'aise dans vos tâches professionnelles. Si vous avez des problèmes financiers, cela affectera votre motivation dans votre travail. En tant qu'entrepreneur individuel, vous êtes le seul maître à bord. Si le seul navigateur n'est pas en forme, le voilier ne peut avancer. Vous voulez mettre tous les atouts de votre côté pour réussir ? Prenez soin de votre vie. Et bonne nouvelle, quand votre projet entrepreneurial s'améliorera, votre vie personnelle en tirera aussi les bénéfices. C'est un cercle vertueux.

L'experte

Marina Mercklé, kinésithérapeute | Instagram : @marinamerckle

« Afin d'éviter les troubles musculo-squelettiques et de préserver votre santé, rendez votre poste de travail ergonomique. Un ordinateur portable s'utilise sur de courtes périodes pour prévenir l'inconfort visuel et les douleurs posturales. Avec des accessoires en plus, vous pourrez augmenter la durée de travail sans fatiguer vos muscles et vos articulations. Ling-en par exemple utilise un support qui réhausse son ordinateur par rapport à la hauteur de la table, avec un clavier et une souris en plus sur la table. Réglez votre siège pour avoir les pieds au sol, un angle de 90 degrés entre le dos et les cuisses et un angle de 90 degrés entre les cuisses et les jambes. Veillez à ce que vos épaules soient relâchées. Reposez aussi vos avant-bras sur des accoudoirs ou sur la table et enfin évitez de pencher votre tête en avant. »

■ PRIORITÉS

« La façon d'aimer une chose est de se dire qu'on pourrait la perdre. »

G.K. Chesterton

Être au clair avec vos priorités est absolument nécessaire pour une vie épanouie et riche. Si je devais faire un classement, le voici :

- Ma foi religieuse
- Moi-même (santé, bien-être, épanouissement)

- Ma famille (ma fiancée, mon neveu, ma sœur, mon frère)
- Mon travail
- Mes relations sociales
- Ma vie associative
- Le reste

Une fois que j'ai fixé mes objectifs, je peux vérifier si, chaque jour, j'utilise mon temps et mon énergie en étant en accord avec ma liste. Si dans mon cas, la santé est si importante pour moi, pourquoi est-ce que je ne prends pas le temps pour cuisiner et pour manger sainement ? Si ma sœur est si importante pour moi, pourquoi je ne lui accorde pas plus d'attention ? Si ma foi en Dieu est vraiment le plus important dans ma vie, devrais-je avoir honte d'afficher que je suis chrétien sur mon profil Twitter ?

Régulièrement, je vous invite à réfléchir à vos activités selon la matrice d'Eisenhower. L'objectif est de classer vos tâches dans une des cases. Vous comprendrez facilement alors que les tâches urgentes et importantes doivent être priorisées, tandis que les non-urgentes et non-importantes devraient être écartées. Voici un simple exemple fondé sur les jours précédents la finalisation du compuscrit de ce livre.

Avant le décès de mon père en avril 2013, je dédiais beaucoup de temps au développement de mon activité. Je ne lui accordais que très peu de temps, alors que lui était seul, dans la chambre d'à côté. J'ai des regrets. J'aurais aimé passer plus de temps avec lui et lui donner l'attention qu'il méritait. Si seulement j'avais sorti un peu la tête du guidon pour mieux voir mes priorités ! J'ai beaucoup de mal avec cette idée que tout grand projet exige de grands sacrifices.

Je ne peux pas répondre à toutes ces questions à votre place, mais je vous invite néanmoins à faire cet exercice et à classer vos priorités.

Indiquez vos priorités de la plus importante à la moins importante

1 ....

2 ....

3 ....

4 ....

5 ....

6 ....

7 ....

8 ....

9 ....

10 ....

Publiez votre liste sur Instragram ou Twitter en ajoutant la mention #LeGDB.

■ UNE MEILLEURE PERSONNE

J'ose penser que je suis une meilleure personne aujourd'hui grâce au blogging. Je suis plus épanoui, je me connais mieux, je suis plus performant, je développe mon potentiel…

Mais plus important encore : je suis un meilleur ami, un meilleur fiancé, un meilleur tonton, un meilleur leader…

« S'instruire soi-même, j'en suis convaincu, est la seule forme d'éducation possible. »

Isaac Asimov

Ce que je suis devenu, je peux l'offrir à d'autres. À travers mon travail, je peux inspirer et former des dizaines de milliers de personnes. J'ai mis des années à assumer le fait que j'étais un « entrepreneur ». J'avais l'impression de ne pas mériter ce « badge ». Mais je peux le dire fièrement aujourd'hui, je suis blogueur et entrepreneur et je vis la vie que je suis censé mener. Je ne sais pas ce qu'il en est de vous. Certainement, vous avez des doutes et rencontrez des obstacles aussi, comme à mes débuts. Mais sachez que vous lancer dans ce projet entrepreneurial à travers un blog vous permettra d'apprendre sur vous-même et de développer le potentiel en vous.

L'expert

Jérôme Hoarau, coach et conférencier en leadership sur www.jerome-hoarau.com, auteur du livre *Réflexe Soft Skills* Twitter : @jero974

« Entreprendre un projet, un blog ou une entreprise vous fera grandir. Portez donc attention à toutes ces compétences transversales et interpersonnelles que l'on appelle *soft skills*, telles que votre créativité, votre efficacité, votre aisance oratoire, etc., que vous développez grâce à votre démarche. Votre capacité à vous motiver, à persévérer et à atteindre vos objectifs repose en grande partie sur ces attitudes et aptitudes, chérissez-les donc !

Un entrepreneur fait. Un leader est. Un leader entrepreneur est ce qu'il fait et fait ce qu'il est. »

■ TRACER SON PROPRE CHEMIN

« Ne comparez jamais ce que vous êtes à l'intérieur avec ce que quelqu'un d'autre est à l'extérieur. »

Hugh MacLeod

Nous n'avons qu'une seule vie sur Terre. Elle est précieuse et n'est pas le fruit du hasard. Nous n'avons pas besoin de tous être Bill Gates ou Nelson Mandela pour mener une vie riche et abondante. Quand je repense à ma mère qui a été veuve, malade, suicidaire, et quasi-divorcée (si ce n'était de vouloir préserver le noyau familial), je peux vous dire que dans l'ombre, il y a des hommes et des femmes qui brillent avec la petite flamme qu'ils ont. Si la vie vous a donné une petite bougie, l'objectif est de la maintenir vivante. Si vous avez hérité d'une torche, maintenez le feu pareillement. Ne terminons pas cette vie avec ce regret d'avoir gaspillé nos talents. Si vous avez pris du plaisir à bloguer, que vous avez aidé ne serait-ce qu'une personne, alors maintenez la flamme. Vous avez entre vos mains un outil qui peut transformer la vie de milliers de personnes, en commençant par la vôtre. N'abandonnez jamais. Relevez-vous toujours. Vous n'êtes pas seul, une nouvelle génération d'entrepreneurs se lève et je nous souhaite de rendre ce monde meilleur. Chacun, proportionnellement, en fonction de ses capacités.

■ RESSOURCES COMPLÉMENTAIRES

- www.solopreneur.fr
- www.chaudpatate.org pour faire du sport en networkant
- www.audible.fr pour écouter des livres audio

- www.carrefourdesreussites.com
- www.ceclair.fr
- www.zenhabits.net
- www.davidlaroche.fr
- www.lyviadebloque.com
- www.osezbriller.com
- www.michaelhyatt.com (en anglais)
- www.daveramsey.com (en anglais)

Livres

- *Avalez le crapaud*, Brian Tracy, Éditions du Trésor caché, 2013
- *Le Plus Étrange des secrets*, Earl Nightingale, Bnpublishing.com, 2010
- *Rework*, Jason Fried, David Heinemeier Hansson, Maxima, Laurent du Mesnil éditeur, 2012
- *The School of Greatness*, Lewis Howes, Rodale Books, 2015
- *The ONE Thing*, Gary Keller et Jay Papasan, Bard Press, 2013 (en anglais)
- *The Ultimate Zig Ziglar Library*, Zig Ziglar, Nightingale-Conant, (livre audio en anglais)
- *What the Most Successful People Do Before Breakfast*, Laura Vanderkam, Portfolio Penguin, 2013

CONCLUSION

Lettre à moi-même

« Cher Ling-en,

À plusieurs reprises durant ton parcours, tu as éprouvé de la jalousie envers d'autres. Continue à te contrôler, à comprendre que tu as de la valeur et que tu es aimé inconditionnellement.

"Ne souhaitez pas que les choses soient plus faciles, souhaitez devenir meilleur.
Ne souhaitez pas moins de problèmes, souhaitez plus de compétences.
Ne souhaitez pas moins de défis, souhaitez plus de sagesse."

Jim Rohn

Ta mère, à cause de ses souffrances, a tenté de se suicider. Son échec, malgré ses vingt années de souffrances quotidiennes, ont permis que toi tu sois en vie, que tu sois en bonne santé et que tu aies reçu une bonne éducation. Elle est une héroïne qui par son courage a su t'inspirer. Continue à penser à elle et à te battre chaque jour, et surtout les jours où tout ira mal.

"Despite my physical limitations, I'm living as though I have no limits."

Nick Vujicic, (né sans membres)

Tu as beaucoup reçu de ce monde. Bien plus que tu ne le mérites. Maintenant, va vivre une vie riche et pleine… d'amour pour ton prochain. C'est tellement facile de prendre soin que de toi-même quand tu as grandi avec tant de facilité. Maintenant, va payer ta dette ! Avec joie et enthousiasme, rends ce monde meilleur. Et cela commence par la femme que tu aimes. »

« C'est le devoir de chaque homme de rendre au moins autant qu'il en a reçu. »

Albert Einstein

REMERCIEMENTS

Aux nombreux contributeurs de ce livre, pour lui avoir permis d'être encore plus savoureux et utile aux lecteurs.

À la maison Eyrolles, pour m'avoir fait confiance et accueilli dans la famille.

À la communauté Solopreneur, pour vos encouragements, et particulièrement aux partenaires du groupe Facebook qui ont participé à ce projet.

À Thierry et Chi-hang, pour votre soutien et cette fraternité qui m'a permis d'en arriver là aujourd'hui.

À Marina, pour ta douceur et ton amour qui me donnent des ailes et tes dessins qui embellissent ce livre.

Et à Celui sans qui je ne serais pas sur cette Terre pour déployer les quelques dons que j'ai reçus.

BIBLIOGRAPHIE

Josh KAUFMAN, *Le personal MBA*, Leduc.s, 2013

Pat FLYNN, *Will It Fly ?*, Pat Flynn, Flynndustries, LLC, 2016

Chris GUILLEBEAU, *100 Euros pour lancer son business*, Pearson, 2014

Margaux DERHY, Louis CARLE, Étienne PORTAIS, *Backpack*, Maddyness et la Petite Étoile, 2016

Nessa BUENOMO, *Monétiser son blog*, Eyrolles, 2015

Stéphane BRIOT, *Bien utiliser son blog*, Eyrolles, 2017

Que ce soit sur Twitter, Instagram, Facebook ou par e-mail, je vous invite à prendre contact avec moi. Ce serait tellement dommage d'avoir vécu cette extraordinaire aventure ensemble sans même se saluer. Rendez-vous sur www.solopreneur.fr/contact.

Et n'oubliez pas de consulter la formation gratuite qui complète ce livre sur www.legdb.fr.

Mise en pages : STDI

Dépôt légal : mai 2017
IMPRIMÉ EN FRANCE

Achevé d'imprimer le 12 mai 2017
sur les presses de l'imprimerie « La Source d'Or »
63039 Clermont-Ferrand
Imprimeur n° 13572K

PEFC/10-31-2008

Dans le cadre de sa politique de développement durable,
La Source d'Or a été référencée IMPRIM'VERT®
par son organisme consulaire de tutelle.
Cet ouvrage est imprimé - pour l'intérieur - sur papier bouffant (main 1,8) 80 g
provenant de la gestion durable des forêts,
produit par des papetiers dont les usines ont obtenu
les certifications environnementales ISO 14001 et E.M.A.S.